Ursula Gardeia **Kontrolle und Bewertung (k)ein Problem?**

Eine Orientierungshilfe
für den Russischunterricht

Volk und Wissen Verlag GmbH

Kontrolle und Bewertung (k)ein Problem?
verfaßt von Ursula Gardeia unter Mitarbeit von Nina Hoffmann

Die Autorin dankt
Frau Swetlana Kogaj, Frau Elke Meier sowie Frau Christine Hasse
für Hinweise und Anmerkungen während der Entwicklung des Manuskripts.
Zudem sei Herrn Dr. Martin Schneider und Herrn Prof. Dr. Klaus Günther
für die Begutachtung des Gesamtmanuskripts gedankt.

Dieses Werk ist in allen seinen Teilen urheberrechtlich geschützt.
Jegliche Verwendung außerhalb der engen Grenzen des Urheberrechts
bedarf der Zustimmung des Verlages. Dies gilt im besonderen für
Vervielfältigungen, Mikroverfilmungen, Einspeicherung und Verarbeitung
in elektronischen Medien sowie Übersetzungen.

ISBN 3-06-502175-7

1. Auflage
© Volk und Wissen Verlag GmbH, Berlin 1996
Printed in Germany
Druck und Binden: Druckhaus Gräfenhainichen GmbH i.G.
Einband: Gerhard Medoch
Illustrationen: Roland Beier
Layout: Marion Röhr
Redaktion: Jürgen Cunow, Regina Riemann

1. Problemaufriß

Die Geschichte der Schule ist auch die Geschichte von Lob und Tadel, von Noten und Zeugnissen. Lob und Tadel haben seit den mesopotamischen und ägyptischen Anfängen der Schule vor 5000 Jahren jede Schülergeneration begleitet.

Noten und Zeugnisse gehörten zweifellos zu den pädagogischen Maßnahmen, die mit guten Absichten eingeführt worden sind, auch wenn sie schließlich eine Fülle unbeabsichtigter Nebenwirkungen und Probleme nach sich gezogen haben. Wer lernt, möchte wissen, ob sein Lernen erfolgreich war, und wer lehrt, möchte wissen, ob er seine Schüler zu den in den Lehrplänen bzw. Rahmenrichtlinien formulierten Lernzielen geführt hat.

Kontrolle und Bewertung erhalten somit eine Legitimation als notwendige Bestandteile von Unterricht und als „pädagogischer Vorgang"[1].

Die Übertragung des Leistungsbegriffs auf die Schule und die damit einhergehende Argumentation, daß sich die Schule in einer am Leistungsprinzip orientierten Gesellschaft nicht außerhalb dieses Prinzips stellen könne, konfrontieren Lehrende und Lernende mit der Aufgabe schulischer Leistungskontrolle und Leistungsbewertung – eingebettet in den Kontext der Schullaufbahnentwicklung und erstrebter Abschlüsse. Damit wird die Tragweite von pädagogischen Maßnahmen zur Ermittlung und Beurteilung von Schülerleistungen deutlich.

Ungeachtet verbindlicher rechtlicher Grundlagen – wie zum Beispiel Beschlüssen der Kultusministerkonferenz oder Festlegungen der Rahmenrichtlinien[2] – gehören Leistungskontrolle und Leistungsbewertung zweifellos zu den umstrittensten Bereichen schulischen Lernens. Ihre Komplexität und Problematik verursachen auch heute noch manche Unsicherheit bei Lehrerinnen und Lehrern. Es steht sicherlich außer Zweifel, daß der Unterrichtende als „bewährter Einzelkämpfer" auch im Bereich der Leistungsermittlung und -bewertung seine individuellen Maßstäbe setzt[3]. Diese beruhen zu einem großen Teil auf Erfahrung. Dabei wird mitunter subjektivem Empfinden und Urteilsvermögen eher Rechnung getragen als einer fremdsprachendidaktischen Fundierung. Fachleute konstatieren, daß die Ergebnisse u.a. durch die Fremdsprachendidaktik betriebener Testforschung im Schulsystem wenig Resonanz fanden[4]. Die berechtigte Skepsis gegenüber Tests für die Kontrolle von Ergebnissen des Fremdsprachen-(Englisch-)unterrichts wurden auch mit deren Ungenauigkeit begründet, die dazu führen kann, daß nicht genau das überprüft wird, was überprüft werden soll[5].

Schließlich wurde die Frage nach der Spezifik von Leistungsermittlung und -bewertung im Fremdsprachenunterricht aus der Sicht der klassischen Testtheorie erörtert und ein didaktisch-methodisches und diagnostisches Instrumentarium entwickelt, das dem Lehrer bei der Konstruktion von Tests konkrete Hilfe gibt[6]. Insbesondere der Englischlehrer findet in der Fachliteratur vielfältige Anregung und Unterstützung.[7]

Vergleichbare Veröffentlichungen liegen für den Russischunterricht nicht vor. Die vorliegende Arbeit will dieses Defizit mindern helfen. Sie will dazu beitragen, Unsicherheiten abzubauen. Das Büchlein will also keine Gesetze und Vorgaben außer Kraft setzen, sondern ihre richtige Anwendung (und Einhaltung) fördern und natürlich auch Anregungen zur pädagogisch optimalen Nutzung von Interpretationsspielräumen und Ermessensfeldern geben. Es richtet sich an Lehrerinnen und Lehrer, die Russisch an allgemeinbildenden Schulen unterrichten und will vornehmlich praktische Anregungen für die Planung, Gestaltung und Auswertung von Lernerfolgskontrollen geben.

An dieser Stelle sei darauf verwiesen, daß die Autorin ausschließlich aus schreibtechnischen Gründen die Begriffe Schüler und Lehrer verwendet, mit denen sie stets auch Schülerinnen und Lehrerinnen einbezogen wissen will.

1.1. Zum Begriff der Lernerfolgskontrolle

Wir verwenden – wie auch andere Autoren[1] – den Begriff der Lernerfolgskontrolle, um die pädagogische Funktion solcher Maßnahmen zu betonen. Auf diese Weise soll „Kontrolle" als Bestandteil eines andauernden und zu befördernden Lernprozesses und nicht vordergründig als Leistungsmessung beschrieben werden.

Mit dem Begriff der Lernerfolgskontrolle soll insbesondere das Moment des kommunikativen Erfolgs im Sinne der kommunikativen Wirkung der fremdsprachigen Äußerung des Schülers verstärkt werden.

Wir verstehen Lernerfolgskontrollen als feinfühligen, von der positiven Leistung ausgehenden, sachlichen SOLL-IST-Vergleich auf der Basis einheitlicher und für den Schüler nachvollziehbarer „Bilanzierungsparameter".

Dieser Ansatz schließt den Hinweis auf individuelle Defizite (diagnostische Funktion), den Aufschluß über die Ergebnisse des Unterrichts (evaluative Funktion) und die Ableitung gezielter Hilfen (therapeutische Funktion) ein[2].

Wir fühlen uns in unserem Ansatz bestärkt durch die psychologische Definition menschlicher Leistung als
- allgemeiner Bezeichnung für das erfolgreiche Erreichen eines Ziels, das Anstrengung erfordert,
- Grad des Erfolgs, der in einer Aufgabe erzielt wird,
- das Ergebnis einer geistigen oder körperlichen Tätigkeit, definiert gemäß individueller und/oder objektiver (organisatorischer) Voraussetzungen.[3]

1.2. Lernerfolgskontrollen im Fremdsprachen-(Russisch-)unterricht

Lernerfolgskontrollen sind sowohl Komponente des unterrichtlichen Gesamtprozesses als auch eigenständiger Prozeß mit bilanzierender und regulierender Funktion.

Ihre Spezifik im Fremdsprachenunterricht resultiert und erklärt sich aus den Besonderheiten des Fremdsprachenerwerbs unter schulischen Bedingungen, d. h. seiner Ziele, Adressaten, Inhalte, didaktisch-methodischen Gestaltung und ist u. E. an folgenden Positionen „festzumachen":

1. Auch im Fremdsprachenunterricht sind Lernerfolgskontrollen eine pädagogisch begründete Ermittlung von Unterrichtsergebnissen und -prozessen bzw. -prozeßwirkungen. Lernerfolgskontrollen umfassen alle Handlungen des Lehrers, die darauf gerichtet sind, vom Schüler zu einem bestimmten Zeitpunkt des Unterrichtsprozesses einen Resultatsnachweis abzufordern und durch einen Soll-Ist-Vergleich zu bilanzieren. Dabei sind der Lernfortschritt und die Förderung des einzelnen Schülers gleichermaßen zu bedenken und Schlußfolgerungen für den weiteren Lehr- und Lernprozeß abzuleiten.

2. Ein auf die Entwicklung kommunikativer Kompetenz ausgerichteter Fremdsprachenunterricht ist gleichsam kenntnis- und könnensintensiv. Folgerichtig unterscheiden wir
Lernerfolgskontrollen im Bereich sprachlicher Kenntnisse,
d. h. zur Überprüfung von
- Wortschatzkenntnissen,
- grammatischen Kenntnissen,
- orthographischen Kenntnissen etc.

und
Lernerfolgskontrollen im Bereich der Sprachtätigkeiten,
d. h. zur Überprüfung
- des Hörverstehens,
- des monologischen und dialogischen Sprechens,
- des Leseverstehens,
- des Schreibens.

Die benannten Kontrollbereiche unterscheiden sich hinsichtlich des Ziels und des Gegenstandes der Leistungsüberprüfung und erfordern somit ein unterschiedliches diagnostisches und didaktisch-methodisches Instrumentarium. Dies wird in den folgenden Kapiteln am konkreten Beispiel beschrieben.

Hier sei grundsätzlich vermerkt, daß Lernerfolgskontrollen im Fremdsprachenunterricht die Anforderungen der realen Kommunikationspraxis weitestgehend abbilden sollten, was eine Trennung von Kenntnissen und Sprachtätigkeiten verbietet. Letzteres ist unter den Bedingungen schulischen Fremdsprachenerwerbs allerdings nicht durchgängig realisierbar. Formal-linguistische Kompetenz muß bewußt und auch punktuell (isoliert) erworben werden, um eine tragfähige Basis für den kommunikativen Umgang mit der Fremdsprache bilden zu können. Dieser Umstand verpflichtet zur Ausgewogenheit bei der Überprüfung beider Bereiche und ist ein gewichtiges Argument für die Mehrteiligkeit von Aufgaben in Lernerfolgskontrollen.

1.3. Leistungsbewertung im Fremdsprachen-(Russisch-)unterricht

Es ist unumstritten, daß bei Lernerfolgskontrollen die Leistungsbewertung im ursächlichen Zusammenhang zur Leistungsermittlung steht und folglich nicht zu verselbständigen ist.

Leistungsbewertung verstärkt die pädagogische, regulierende und bilanzierende Funktion der Leistungsermittlung durch einen die sprachliche Leistung interpretierenden Kommentar.

Dabei ist zu berücksichtigen, daß die Kontrolle sprachlicher Kenntnisse und die Kontrolle im Bereich der Sprachtätigkeiten nicht nur unterschiedliche Kontrollformen erfordern, sondern gleichermaßen unterschiedliche Bewertungskriterien und Bewertungsmaßstäbe. D. h., für eine Lernerfolgskontrolle im Bereich exemplarischer lexiko-grammatischer Kenntnisse müssen andere Bewertungskriterien und -maßstäbe angewendet werden als für eine Lernerfolgskontrolle, in der sich der Schüler in der Fremdsprache zusammenhängend zu einem Thema äußern muß.

Leistungsbewertung ist ein höchst komplexer Prozeß, für den es keine Patentlösungen, wohl aber Orientierungshilfen gibt. Dabei ist Subjektivität weder auszuschließen noch als negativ abzutun. In der Fachliteratur ist sogar die Forderung nach einer „begründeten Subjektivität"[1] bei der *Formulierung und Anwendung von Bewertungsmaßstäben* zu finden.

In diesem Zusammenhang könnte die sinnvolle und in Relation zueinander vorgenommene Berücksichtigung folgender *Kriterien* hilfreich sein:
1. **Anforderungsgrad** der vom Schüler zu lösenden Aufgabe,
2. **Grad der Selbständigkeit** des Schülers bei der Aufgabenlösung,
3. **Stellenwert der zu lösenden Aufgabe** im Lehrgangskonzept,
4. **Akzeptabilitätsgrad der** vom Schüler erbrachten **Leistung**.

Zu 1.: Für die Belange des schulischen Fremdsprachenerwerbs kann von drei Anforderungsgraden ausgegangen werden.[2]

Anforderungsgrad I (Reproduktion) umfaßt
– das Wiedererkennen und die Wiedergabe von bekannten sprachlichen Elementen in unveränderter Form, z. B.
  • die Auswahl und Zuordnung von vorgegebenen russischsprachigen Einzelwörtern zu den ebenfalls vorgegebenen deutschsprachigen Entsprechungen,
  • die Wiedergabe auswendig gelernter Sätze oder eines auswendig gelernten Textes in unveränderter Form.

Anforderungsgrad II (Rekonstruktion) umfaßt
– das Wiedererkennen und die Wiedergabe bekannter sprachlicher Elemente in verändertem Zusammenhang,
– das Erklären, Bearbeiten und Ordnen bekannter sprachlicher Sachverhalte, z. B.
  • das Ergänzen russischsprachiger Einzelwörter oder Wortgruppen in einem Lückentext, der den Schülern in dieser Form noch nicht begegnet ist,
  • die Beantwortung russischsprachiger Fragen zu einem bekannten Inhalt.

Anforderungsgrad III (Konstruktion) umfaßt
– den Transfer sprachlicher Sachverhalte auf vergleichbare Anwendungssituationen,
– die Fähigkeit, eigene Meinungen, Erkenntnisse etc. in der Fremdsprache zu äußern,
– das Erkennen, Bearbeiten und Lösen von Problemstellungen in der Fremdsprache.

Zu 2.: Der Grad der Selbständigkeit des Schülers bei der Lösung von Aufgaben wird maßgeblich davon bestimmt, inwieweit Lenkungshilfen zur Verfügung gestellt und vom Schüler genutzt werden.

Es kann sich um sprachliche und/oder inhaltliche Hilfen handeln, wie z. B. die Vorgabe von Auswahlantworten, Wort- oder Satzanfängen, einer deutsch- oder russischsprachigen Disposition o. ä.

Die vom Lehrer vorgesehenen Lenkungshilfen können einerseits Erinnerungsspuren für einzelne sprachliche Elemente wachrufen und dadurch deren Abrufbarkeit erleichtern und andererseits die inhaltliche Gestaltung einer Aufgabe unterstützen.

Zu 3.: Sowohl innerhalb eines Jahrgangs als auch im Gesamtlehrgang (für Russisch als 2. Fremdsprache von Kl. 7 – 10) sind die Ziele unterschiedlich gewichtet. Dies sollte Konsequenzen für die Bewertung einer Schülerleistung haben.

So ist im Anfangsunterricht ein weitestgehend korrektes Diktat (1 – 2 Fehler) mit bekanntem Wortschatz, der aber in einem den Schülern bisher unbekannten Zusammenhang verwendet wird, besser zu bewerten als dieselbe Leistung im dritten oder vierten Lernjahr.

Zu 4.: Oberstes Kriterium für den Akzeptabilitätsgrad einer vom Schüler erbrachten Leistung in der Fremdsprache sind die Verständlichkeit und der damit zusammenhängende Grad der kommunikativen Beeinträchtigung der beabsichtigten Information.

In welchem Maße das Moment „Verständlichkeit der Äußerung" die Bewertung der Schülerleistung positiv beeinflußt, ist maßgeblich abhängig von
– dem Ziel der Lernerfolgskontrolle,
– den im Unterricht erfolgten vorbereitenden Maßnahmen,
– dem Anforderungsgrad der Aufgabe.

Die vorgenannten Kriterien *Anforderungsgrad, Grad der Selbständigkeit und Stellenwert im Lehrgangskonzept* können hilfreich sein für die Bestimmung des Schwierigkeitsgrades einer Lernerfolgskontrolle und der Festlegung eines Schwellenwertes für die Note 4 (–), also für die noch ausreichende Leistung.

In bezug auf die Festlegung von Schwellenwerten stützen wir uns auf bereits vorliegende, unseres Erachtens sehr praktikable Orientierungen[1] (wobei wir die Begriffe *Lernzielkontrolle* und *Punkte* durch *Lernerfolgskontrolle* und *Bewertungseinheiten [BE]* ersetzen).

Schwellenwerte für die Note 4 sind demnach
bei leichten Lernerfolgskontrollen   60 % der BE = 4 –
bei mittelschweren Lernerfolgskontrollen   50 % der BE = 4 –
bei schweren Lernerfolgskontrollen   40 % der BE = 4 –.

Im Zusammenhang mit der Festlegung von Bewertungseinheiten und der Zuordnung zu den Noten von 1 – 6 wird in derselben Quelle zu Recht darauf verwiesen, daß der „ ... Abstand zwischen den einzelnen Notenstufen ... in etwa gleich sein sollte (Äquidistanz), um generell die Vergleichbarkeit der gewonnenen Noten zu ermöglichen."[2]

Pädagogisch sinnvolle und den Lernfortschritt des Schülers fördernde Leistungsbewertung liegt stets im Schnittfeld von Bemühen um sachlich-nüchternen Vergleich des vom Schüler erbrachten Resultats mit entsprechenden „SOLL-Vorgaben" und der Berücksichtigung der individuellen Leistungsvoraussetzungen und Leistungsbedingungen des Schülers.

Somit erfordert Leistungsbewertung immer schöpferische pädagogische Entscheidungen des Lehrers im zwischen SOLL und IST liegenden Entscheidungsspielraum.

Insbesondere bei der Bewertung kommunikativer Leistung muß von einem nicht unwesentlichen subjektiven Element ausgegangen werden.[1]

Es ist vorrangig das vom Lehrer im Verlauf seiner pädagogischen Tätigkeit als Reflexion auf lehrgangsspezifische Ziele und den eigenen Umgang mit der Sprache entwickelte „Gefühl für fremdsprachliche Leistung", das die Spezifik der Leistungsbewertung im Fremdsprachenunterricht bestimmt.

Gerade angesichts dieser Besonderheit kommt es darauf an, die Isolation vereinzelnder Lehrertätigkeit zu überwinden.

In bezug auf Bewertungskriterien und -maßstäbe ist daher der Forderung nach gegenseitiger Öffnung, Diskussion, Hilfestellung und Konsensbildung[2] zumindest innerhalb einer Fachkonferenz unbedingt zuzustimmen.

1.4. Zum Umgang mit Fehlern im kommunikativ orientierten Russischunterricht

Wenn in der Fachliteratur schon 1926 formuliert wird, daß der Lehrer lernen muß, den Schüler nicht nach dem zu beurteilen, was er nicht kann, sondern nach dem, was er kann[3], so wird damit eine auch heute höchst aktuelle Forderung beschrieben.

Ungeachtet der seit mindestens zwei Jahrzehnten von den Fachdidaktiken geforderten kommunikativen Ausrichtung des Unterrichts in den neuen Sprachen und diesbezüglicher Festlegungen in Lehrplänen und Rahmenrichtlinien ist auch heute Notengebung im Fremdsprachenunterricht immer noch vornehmlich orientiert am Fehler, und der die Fremdsprache „fehlerfrei" praktizierende Schüler ist das anzustrebende Unterrichtsideal.[4]

Die geforderte modifizierte Einstellung zum Schülerfehler[5] folgt dem kommunikativen Ansatz, wonach beim kommunikativen Sprachgebrauch die Schülerleistung zunächst inhaltlich ernst zu nehmen ist, bevor sie formal und im Sinne ihrer sprachlichen Korrektheit beurteilt wird.[6]

Eine derartige Einstellung zur Einschätzung von Schülerleistungen folgt der hinlänglich bekannten und für den fremd- wie muttersprachlichen Sprachgebrauch gleichermaßen gültigen Tatsache, daß kommunikativer Sprachgebrauch Fehlleistungen einschließt.[7] In der Fachliteratur wird mehrfach zu Recht darauf verwiesen, daß die Aneignung einer Fremdsprache unter ungünstigeren Bedingungen stattfindet als die der Muttersprache. Eine Orientierung auf absolute Korrektheit erzeugt somit eine Idealvorstellung, die der Wirklichkeit des Lernens nicht standhält. Mißerfolgserlebnisse und Motivationsabbau sind die zwangsläufige Folge.[8]

Fehlerangst und kommunikative Bewegungsunfähigkeit stehen in einem ursächlichen Verhältnis und erfordern eine Fehlertoleranz des Lehrers, die bis zu der Grenze geht, wo eine Information durch Fehlleistungen nicht, unvollständig oder entstellt übertragen bzw. aufgenommen wird.

Es ist unumstritten, daß fremdsprachliche Handlungsfähigkeit formale Teilkompetenzen (grammatische, lexikalische etc.) einschließt, die bewußt eingeübt und korrekt eingeprägt werden sollen. Hier ist auch der Ort für explizite Korrekturen und für die Schwerpunktverlagerung auf die Überprüfung der sprachlichen Richtigkeit von Schülerleistungen.

Wir stimmen der Auffassung zu, wonach getrennt werden muß „zwischen kommunikativen Phasen, die auf intuitiven und ganzheitlichen Spracherwerb bzw. -gebrauch ausgerichtet sind, und kognitiven Phasen, in denen bestimmte Formelemente gezielt erworben bzw. gefestigt werden sollen. Denn wenn kommunikatives Handeln und sprachliche Reflexion immer wieder vermischt werden, verlieren die Schüler bald die Lust am spontanen Kommunikationsversuch, der ja prinzipiell einem Mitteilungsbedürfnis entspringt"[1].

Aus einer derartigen Position erwächst mit zwingender Notwendigkeit die Forderung nach einer differenzierteren Einstellung zum Schülerfehler, einer differenzierteren Fehlertoleranz des Lehrers in Vermittlungs- und Übungsphasen bzw. in Phasen kommunikativer Anwendung.

Unsere Erfahrungen in der Lehrerfortbildung besagen, daß häufig Unsicherheiten bestehen bei der Gewichtung von Schülerfehlern, bei der differenzierten Beurteilung des Verhältnisses von sprachlicher Korrektheit und Verständlichkeit.

Die vorliegende Arbeit versteht sich in diesem Zusammenhang als Orientierungshilfe und will in den folgenden Kapiteln am konkreten Beispiel differenzierte Bewertungszugänge beschreiben und dabei vornehmlich Bewertungskriterien empfehlen.

Bewertungsmaßstäbe sollen nur exemplarisch aufgezeigt werden. Vor deren Generalisierung muß nachdrücklich gewarnt werden, da diese die Einschätzung des Schwierigkeitsgrades einer Lernerfolgskontrolle unter Berücksichtigung des konkreten Bedingungsgefüges einer konkreten Klasse unberücksichtigt lassen.

Die Entscheidung darüber, wo bei einer fehlerhaften Äußerung des Schülers die Grenze der Verständlichkeit zu ziehen ist und ob bzw. wann der Schüler auch in Phasen kommunikativen Sprachgebrauchs unterbrochen und korrigiert werden sollte, ist nicht global und per Rezept zu treffen.

Erfahrungsgemäß sind Muttersprachler in derartigen Situationen toleranter als Fremdsprachenlehrer. Der Muttersprachler empfindet lexikalische und idiomatische Fehler im allgemeinen stärker störend als grammatische. Sie wirken sich auf die Verständlichkeit offenbar stärker aus, z. B.

    фамилия   statt   семья
    Ребёнок стирает. statt   Ребёнок моется.

In der Fachliteratur wird ein weiterer Fehlertyp genannt, der nicht zu akzeptieren und unbedingt auch in Phasen kommunikativen Sprachgebrauchs zu korrigieren ist:

Wendungen, die den Sprecher bzw. Schreiber in den Augen eines Muttersprachlers als unhöflich, hochnäsig, anmaßend oder auch autoritär erscheinen lassen.[1]
Für das Russische wären in diesem Zusammenhang z. B. zu nennen:
- der falsche Gebrauch von Anredeformeln, wie «девочка» als Anrede für eine jüngere Frau statt «девушка» oder der Gebrauch des Vornamens als Anrede für einen Erwachsenen,
- der falsche Ausdruck von höflichen Wünschen, wie «Я хочу выпить сухое вино». statt «Я бы выпил сухого вина».

Auch für den Russischunterricht gilt, daß Fehler wichtige Indikatoren sind bezüglich des aktuellen Sprachstandes des Schülers, des Verlaufs von Lernprozessen sowie des Erfolgs oder Mißerfolgs von Lehrstrategien.[2]

Fehlerkorrekturen sollte der Schüler stets so empfinden, als gehörten sie zur alltäglichen sprachlichen Aktivität, zur normalen – und angesichts von Unterricht natürlichen – Interaktion von Lehrer und Lerner.[3]

2. Anregungen für Formen und Bewertungskriterien von Lernerfolgskontrollen im kommunikativ orientierten Russischunterricht

Wenn im folgenden gesonderte Anregungen für Lernerfolgskontrollen im Bereich der Sprachtätigkeiten und der sprachlichen Kenntnisse gegeben werden, so geschieht dies aus Gründen der Übersichtlichkeit. Beide Bereiche sind zweifellos eng miteinander verbunden: Die Überprüfung von Können im Hören, Sprechen, Lesen oder Schreiben ist stets auch Überprüfung des Beherrschungsgrades sprachlicher Kenntnisse. Dieser Umstand ist zu berücksichtigen, wenn Lernerfolgskontrollen für den einen oder anderen Bereich beschrieben werden.

Deshalb sei hier vorab auch auf Punkt 2.3. verwiesen, in dem für die Mehrteiligkeit von Klassenarbeiten plädiert wird. Dieser Aspekt bleibt bei den folgenden Ausführungen zum Könnens- bzw. Kenntnisbereich nur aus den eben benannten Gründen – also im Interesse einer übersichtlichen Darstellung – unberücksichtigt.

Leistungsbewertung ist kein Feld schneller Rezepte. Getreu der unter 1.3. skizzierten grundsätzlichen Positionen und der Überzeugung folgend, daß Leistungsbewertung in jedem Fall schöpferische pädagogische Entscheidungen des Lehrers einschließen muß, werden auf den nächsten Seiten vornehmlich Bewertungskriterien aufgezeigt und nur exemplarisch auf eine mögliche Umsetzung in einzelne Notenstufen verwiesen.

2.1. Lernerfolgskontrollen im Bereich der Sprachtätigkeiten

2.1.1. Kontrolle und Bewertung des Hörverstehens

Hören ist zum einen eine Sprachtätigkeit, die als Bestandteil fremdsprachlicher Interaktion in untrennbarem Zusammenhang mit dem Sprechen steht. Zum anderen ist Hören eine eigenständige Sprachtätigkeit, und zwar in Situationen vermittelter Kommunikation, wie zum Beispiel beim
- Hören von Radio- und Fernsehsendungen,
- Hören von Durchsagen auf Bahnhöfen, Flughäfen, in Kaufhäusern etc.,
- Hören von monologischen Darstellungen,
- Hören von Gesprächen anderer Personen.

Das verstehende Hören zusammenhängender fremdsprachiger Äußerungen empfinden Fremdsprachenlerner im allgemeinen als schwierig. Die Problematik erwächst zweifellos aus der *Spezifik* dieser Sprachtätigkeit, die stets
- das differenzierte Hören von Lauten, Lautkomplexen und intonatorischen Strukturen,
- das Wiedererkennen von Wörtern und Strukturen,
- das Antizipieren von semantischen Beziehungen,
- das Erfassen syntaktischer Beziehungen,

- das Erkennen der Sprecherintention(en),
- das Kombinieren von Sinnzusammenhängen,
- die gedankliche Verdichtung von Informationen und schließlich
- den Ausgleich von Verstehenslücken

einschließt.

Die Kontrolle und Bewertung von Hörleistungen muß der Komplexität der Sprachtätigkeit Hören unbedingt Rechnung tragen und sowohl Teiloperationen als auch das komplexe Hören berücksichtigen. In diesem Zusammenhang wollen die folgenden *Regeln* für den Lehrer eine Orientierungshilfe sein:

1. Unterscheide, ob du hörspezifische Operationen gezielt und punktuell kontrollieren und bewerten willst oder ob das hörende Verstehen zusammenhängender fremdsprachiger Äußerungen (Text) im Mittelpunkt stehen soll. Beachte, daß diese Unterscheidung unterschiedliche Kontrollformen und Bewertungsansätze erfordert.

2. Überprüfe die Hörverstehensleistung unmittelbar nachdem der Schüler die fremdsprachigen Äußerungen gehört hat. Dies ist besonders wichtig bei längeren Textdarbietungen, denn Gehörtes ist kurzlebig.

3. Beachte, daß du der realen Kommunikationspraxis gemäße Höraufgaben formulierst. Frage dich stets, in welcher Kommunikationssituation die von dir geplante fremdsprachige Äußerung gehört werden könnte, und denke daran, daß sich Lesetexte in der Regel nicht als Hörtexte eignen.

4. Formuliere kurze und sprachlich angemessene Kontrollaufgaben und betrachte die Aufgabenstellung als potentielle Hörhilfe für den Schüler.

5. Berücksichtige bei der Kontrolle und Bewertung der Hörverstehensleistung den Schwierigkeitsgrad des Hörtextes und überlege, ob vorbereitende Hörübungen zu planen oder gegebenenfalls zusätzliche Hilfen einzusetzen sind, wie z.B. das Wiederholen einer Passage, das Einplanen zusätzlicher Pausen.

Für die Bestimmung des Schwierigkeitsgrades eines Hörtextes sind folgende Gesichtspunkte wesentlich:
- Textumfang,
- Informationsdichte des Textes,
- Strukturiertheit des Textes,
- Anzahl unbekannter und nicht erschließbarer Wörter und Strukturen,
- Anzahl der Sprecher,
- Sprechgeschwindigkeit,
- Vorhandensein von Hintergrundgeräuschen,
- Grad der sprachlichen Redundanz,
- Grad der Vertrautheit der Schüler mit dem Textinhalt.

Der Komplexität der Sprachtätigkeit Hören folgend, werden im folgenden sowohl Anregungen für die Kontrolle einzelner hörspezifischer Operationen als auch für die Überprüfung komplexer Hörleistungen gegeben.

Es obliegt der vom unterrichtenden Lehrer vorzunehmenden Zielbestimmung für die konkrete Kontrollphase, ob beispielsweise ausschließlich Teilfertigkeiten oder ausschließlich komplexe Hörleistungen überprüft werden oder ob die Hörkontrolle mehrteilig ausfällt und Aufgaben aus beiden Bereichen vorsieht.

Hörentwicklung im schulischen Fremdsprachenunterricht verlangt selbstredend den Einsatz von auditiven Medien, die das Hören authentischer Rede ermöglichen. Dabei muß insbesondere in Situationen der Kontrolle und Bewertung von Hörleistungen eine gute Qualität der Tonaufnahme und der Akustik im Raum, in dem die Kontrolle stattfinden soll, garantiert sein.

Anregungen für die Kontrolle und Bewertung hörspezifischer Operationen

Die folgenden Anregungen sind besonders wichtig für den Anfangsunterricht, in dem die akustisch-artikulatorische und intonatorische Basis der Schüler entwickelt wird und daher schwerpunktmäßig überprüft werden sollte.

Für alle Beispiele bietet sich eine Punktbewertung an, d.h. für jede richtige Antwort gibt es einen Punkt. Die beschriebenen Kontrollformen können auch als Wettbewerb organisiert werden.

1. Erfassen lautsprachlicher und intonatorischer Strukturen
(vgl. hierzu auch Punkt 2.2.4.: Kontrolle orthoepischer Kenntnisse)

Mögliche Aufgabenstellungen:
- Notiere, ob du ein hartes «л» oder ein weiches «л» hörst:

стол, стул, лампа, нормально, фамилия, Лара

- Notiere, wie oft du in den Gesprächen ein «о» hörst:

1. – Вот новое окно.
 – Это?
 – Нет, то окно.

2. – Кто это?
 – Это Вова.
 – А кто он?
 – Он ученик.

3. – Где молоко?
 – На столе.
 – Где?
 – Вот, пожалуйста.

4. – Вова, ты работаешь?
 – Нет.
 – Давай играть в волейбол.

- Welchen Zischlaut hörst du?

«ш», «щ», «ч» или «ж»

| журнал | шесть | четыре | жить | школа | девочка |
| покажи | бабушка | часто | пожалуйста | что | чёрный |

- Höre die folgenden Wörter und zähle, wieviel Wörter aus zwei Silben und wieviel aus drei Silben bestehen:

окно, бабушка, кресло, школа, ребята ...

- Höre die folgenden Sätze und setze das richtige Satzzeichen.
  Это красивый город. Это красивый город? Это красивый город! или Мы пойдём в кино? Он часто ходит в театр. Мы поедем в отпуск! Урок начинается. Урок начинается? и т. д.

- Höre den folgenden Text und notiere die Anzahl der Fragesätze.
  - Вот стоят кровать и кресло. Там стол и стул. Тут окно и там окно.
  - Кто на окне?
  - Кот.
  - Как его зовут?
  - Его зовут Барсик.
  - Барсик любит молоко?
  - Любит.
  - Хорошо. Тамара, где молоко?
  - Оно на столе.
  - На, Барсик, молоко.

2. Erschließen semantischer Beziehungen

Mögliche Aufgabenstellungen:
- Finde das Wort heraus, das nicht in die Reihe paßt.
(Die Schüler hören Wortreihen zu einem Sachgebiet. Sie signalisieren, markieren mit „+" oder „–" oder notieren die Wörter, die nicht in die jeweilige Wortreihe gehören, z. B.
  - карандаш, доска, <u>тарелка</u>, тетрадь, ...
  - брат, сестра, дедушка, <u>друг</u>, папа, ...

- Finde heraus, welches Adjektiv nicht zum Substantiv paßt, z. B.

погода	хорошая <u>чёрная</u> плохая <u>большая</u> зимняя	стадион	музыкальный центральный <u>книжный</u> маленький новый

- Höre alle Berufsbezeichnungen heraus:
дядя, <u>учитель</u>, дедушка, <u>врач</u>, <u>журналист</u>, ученик.

- Finde den Satz (oder die Sätze), der nicht in den Text paßt.[1]
Die Schüler hören einen Text, in den sich ein Satz (oder mehrere Sätze) aus einem anderen Zusammenhang „verirrt" hat. Sie notieren diesen Satz (oder diese Sätze) nach einmaliger Darbietung des Textes. Beim nochmaligen Hören heben sie nach jedem Satz eine Signalkarte «правильно» oder «неправильно», z. B.
У меня есть подруга в Дрездене. Её зовут Катрин. Она учит в школе русский язык. *На стене висит фотография бабушки.* Я часто пишу письма в Дрезден.

- Höre und entscheide, ob die Aussagen richtig oder falsch sind.
Собака играет с мячом. Рыба гуляет по парку. Мальчик летает. Кошка ездит на велосипеде. Ученики поют. Чашка под столом. Цветы в саду. Рыба на стене. и т. д.

3. Erfassen syntaktischer Beziehungen

Mögliche Aufgabenstellungen:
- Höre alle Substantive heraus und notiere sie (oder: ein „+" für jedes Substantiv), z. B.:
писать, письмо, школа, работать, интересно, подарок, плохо, …

- Singular oder Plural?
Notiere ein „S" oder „P", je nachdem, ob du ein Wort im Singular oder Plural hörst, z. B.:
комната, словари, письма, кресло, ученики, музыка, театры, …

- Notiere, ob der gehörte Satz im Präsens oder im Präteritum steht, z. B.:
Я вчера вечером тебе звонил. Я был дома. Бабушка сейчас работает в саду. В кино шёл интересный фильм. Ребята играют в баскетбол. …

- Höre und sage/notiere, welches Wort im zweiten Satz fehlt, z. B.:
У Бориса новый, чёрный костюм.   Новый костюм висит в шкафу.
Вот музыкальная школа.   Школа очень старая.

- Höre jeweils zwei Sätze. Sind ihre Aussagen gleich, notiere ein „+", sind sie nicht gleich, ein „–", z. B.:
Я еду в Москву.   Цель моей поездки – Москва.
Летом мы играем в бадминтон.   Каждое лето мы играем в бадминтон.
Дети рассказывают о Петербурге.   Дети спрашивают о Петербурге.

Anregungen für die Kontrolle und Bewertung komplexer Hörverstehensleistungen

1. Visuell gestützte Höraufgaben

1.1. Die Schüler erhalten eine Bildvorlage. Der Lehrer liest Einzelwörter und eine dazugehörige Ziffer. Der Schüler vermerkt im Bild nur die Ziffer beim entsprechenden Gegenstand (geeignet im Anfangsunterricht).

1 класс	4 дверь	7 парта	10 девочка	13 линейка	16 сумка
2 учитель	5 окно	8 стул	11 ручка	14 книга	17 мел
3 доска	6 шкаф	9 мальчик	12 карандаш	15 часы	

1.2. Die Schüler hören Aussagen zu einer Bildvorlage und entscheiden über deren Richtigkeit. Sie kreuzen eine von zwei oder drei Alternativen auf einem Aufgabenblatt an, z. B.:

предложение   правильно   неправильно   нет в тексте

1. Вова дома.
2. На столе лежат книги и тетради.
3. Вова не любит делать уроки.
4. Он хочет играть в футбол.

1.3. Die Schüler hören eine oder mehrere Aussagen in der Fremdsprache und entscheiden, zu welchem der vorgelegten Bilder diese gehören, z. B.:

Валентина входит в комнату. Она видит, что телевизор работает, а Виктор спит в кресле.

1.4. Die Schüler erhalten Bilder einer Serie in ungeordneter Reihenfolge und müssen diese entsprechend dem gehörten Text ordnen.

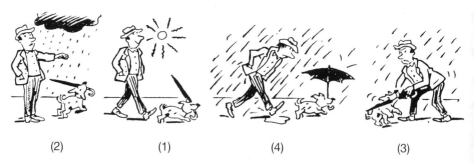

     (2)   (1)   (4)   (3)

1. Сегодня хорошая погода. Солнце светит. Игорь гуляет с Шариком.
2. Дождь! Как хорошо, что у меня есть зонтик.
3. Шарик, дай быстрее зонтик. Шарик зонтик не даёт.
4. Они идут дальше. Шарик под зонтиком, а Игорь под дождём.

1.5. Die Schüler erhalten eine Bildvorlage, die z. B. eine Zimmereinrichtung, eine Person, einen Verkaufsraum o. ä. zeigt. Der Lehrer trägt einen Hörtext vor, der nicht völlig mit der Bildvorlage übereinstimmt. Die Schüler sollen hörend die Details erfassen, die zwischen Text und Bild nicht übereinstimmen. Sie notieren die Fehler oder markieren diese im Bild.

2. Handlungsauslösende Höraufgaben

2.1. Der Lehrer oder ein Schüler formulieren mündliche Aufforderungen in der Fremdsprache, die von einem oder mehreren Schülern ausgeführt werden müssen, z. B. Встаньте! Сядьте! Идите к доске! Откройте окно! ...

2.2. Der Lehrer oder ein Schüler geben mündliche Anweisungen, die von einem oder mehreren Schülern zeichnerisch umgesetzt werden müssen, z. B.
Возьми чёрный фломастер. Нарисуй пятиэтажный дом. На втором этаже три окна и балкон. ...

2.3. Die Schüler erhalten als Bildvorlage einen Stadtplan. Sie hören eine Wegbeschreibung und zeichnen diese nach.

3. Komplexe Höraufgaben

3.1. Die Schüler hören einen Text. Dazu erhalten sie deutschsprachige Aussagen. Auf einem gesonderten Blatt muß für jede Aussage angekreuzt werden:
falsch   richtig   nicht im Text

Beispiel:
Sergej ist Schüler der 5. Klasse.
Sergej ist Fußballfan.
Sergejs Vater geht samstags immer ins Fußballstadion.
Sergejs Mutter geht samstags immer ins Theater.
Am Sonnabend findet ein Europacupspiel statt.
Sergej weint und bittet den Vater, ihn mit ins Stadion zu nehmen.
Die Mutter will mit Sergej zum Fußball gehen, der Vater soll die Wohnung aufräumen.

Hörtext
Послушайте, что рассказывает Сергей.
Меня зовут Сергей. Я ученик седьмого класса. Я очень люблю футбол. Мой папа тоже любит футбол, а мама совсем не интересуется футболом. Ей не нравится, что папа по субботам ходит на стадион. Мама по субботам всегда убирает квартиру.
Папа, конечно, знает, что мама не довольна. Поэтому папа сказал маме, что он больше не будет по субботам ходить на футбол, а будет помогать ей убирать квартиру.
В пятницу папа мне сказал:
— Сергей! Завтра после обеда ты начни плакать и скажи, что очень хочешь пойти на футбольный матч. Хорошо?

В субботу после обеда я начал плакать.
— Почему ты плачешь, Сергей?
— Я хочу посмотреть матч. Папа, возьми меня на футбол.
— Ты знаешь, Сергей, что я больше не хожу на матчи.
Вдруг мама сказала:
— Ты только о себе думаешь. Я сама пойду с Сергеем на стадион. А ты занимайся дома, чем хочешь.
Теперь папа каждую субботу убирает квартиру. А Сергей с мамой ходит на стадион смотреть футбольные матчи.
На языке футболистов это называется «гол в свои ворота».

3.2. Die Schüler hören einen Text und erhalten die Aufgabe, eine dazugehörige Gliederung in die richtige Reihenfolge zu bringen, z. B.:
— Fremdsprachenkenntnisse (3)
— Auslandsaufenthalte (4)
— berufliche Tätigkeit (1)
— Gründe für das Erlernen der russischen Sprache (5)
— Ausbildung (2) (die Ziffern in Klammern markieren die richtige Reihenfolge)

Hörtext
Меня зовут Михаэль Шмидт, и мне 40 лет. Я учитель. Сейчас я работаю в гимназии в Эрфурте. Мои предметы – русский и английский языки. Сначала я учился 12 лет в школе. Потом 5 лет в университете в городе Йене. Я начал учить русский язык в школе в пятом классе. Это был мой первый иностранный язык. Мой второй иностранный язык был английский. В школе у меня были хорошие отметки по этим предметам.

У меня много друзей в Англии и в России. Мы часто пишем друг другу письма.

Я уже два раза был в Лондоне и познакомился с достопримечательностями этого города. Когда я учился в университете, у меня была практика в Москве. Там я лучше познакомился с жизнью в России и с русским языком. Я рад, что могу читать книги, газеты и журналы на русском языке, могу говорить с русскими друзьями без переводчика. Мне нравится путешествовать по России. Это очень большая и очень интересная страна. Поэтому я часто советую своим ученикам в седьмом классе выбрать русский язык как второй иностранный язык (или в девятом классе как третий иностранный язык). Конечно, это нелёгкий язык, но в каждом языке есть свои трудности.

Die Varianten 3.1. und 3.2. sind auch mit russischsprachigen Gliederungspunkten möglich.

3.3. Die Schüler hören einen Text und erhalten im Anschluß an den Textvortrag ein Aufgabenblatt mit Auswahlantworten, von denen jeweils eine anzukreuzen ist, z. B.:[1]

Hörtext
Сегодня первый день зимних каникул. Маленький Саша – ему только восемь лет – сидит в комнате и слушает прогноз погоды:

— В Москве и в Санкт-Петербурге сегодня и завтра ожидается холодная погода, снег. Днём температура воздуха минус 7 – 8 градусов, ночью 13 – 15 градусов мороза.
Саша смотрит в окно – действительно, идёт снег. Саша очень рад. Он бежит к маме на кухню и говорит:
— Мама, что мы будем делать во время зимних каникул? Ты же в это время тоже не будешь ходить на работу. Давай будем кататься на лыжах в парке!
— Это, конечно, хорошая идея. Но ты же знаешь, что нас ждёт бабушка. Поэтому мы поедем к ней в деревню. Мы можем и там кататься на лыжах.

Отметьте правильные варианты:
1.
а) Саше только 6 лет.
б) Ему 8 лет.
в) Ему 9 лет.

2.
а) В Москве и в Санкт-Петербурге будет тёплая погода, плюс 8 градусов.
б) Там ожидается холодная погода, минус 7 – 8 градусов.
в) Будут дожди, температура воздуха 4 градуса тепла.

3.
а) Сегодня идёт снег.
б) Сегодня идёт дождь.
в) Сегодня идёт дождь со снегом.

4.
а) Саша хочет кататься на лыжах.
б) Он хочет кататься на санках.
в) Ему хочется кататься на коньках.

5.
а) Во время каникул мама должна ходить на работу.
б) Мама хочет поехать к бабушке в деревню.
в) Она хочет убирать квартиру.

3.4. Die Schüler hören einen Text und beantworten entweder in der Muttersprache formulierte Fragen zum Textinhalt in deutscher Sprache oder in russischer Sprache formulierte Fragen in russischer Sprache.

Beispiel:
Прослушайте отрывок из интервью немецкого журналиста со Светланой М. – диктором телепрограммы «Новости» в одном из больших русских городов.
— Светлана, вы очень популярны. Могу я взять у вас интервью для немецкого телевидения?
— Пожалуйста. С удовольствием отвечу на ваши вопросы.
— Вы так красивы! А на кого вы похожи?

— На маму. Она учительница истории, отец – офицер.
— Скажите, каким человеком вы считаете себя?
— Спокойным, трудолюбивым, но неуверенным в себе.
— Неуверенным в себе? Вы?
— Да, я. Мне было 13 лет, когда мы приехали в этот город. В новой школе учительница (хорошая знакомая мамы) представила меня классу так: – Это Светлана, она будет учиться с вами. Она вам покажет, как надо учиться. После этого ребята долго бойкотировали меня. Наверно, именно тогда я стала особенно неуверенной в себе, даже робкой.
— А что было потом?
— После школы я поступила в институт иностранных языков, хотела стать переводчицей.
— А как вы попали на телевидение?
— Это длинная история. Когда я была студенткой, я в свободное время водила экскурсии по центру города. Мои экскурсии имели большой успех. Я даже стала увереннее в себе.
— Ну а телевидение?
— Мне говорили, что я веду экскурсии как настоящая артистка. А потом мама прочитала в газете, что телевидение ищет диктора, и сказала мне. Сначала я только смеялась, а потом решилась и приняла участие в конкурсе. С тех пор работаю на телевидении, веду программу «Новости».

Вопросы к интервью.
1. Кто это Светлана?
2. Кто родители Светланы по профессии, и на кого она похожа?
3. Каким человеком она считает себя?
4. Когда и почему она стала особенно неуверенной в себе, даже робкой?
5. Как она попала на телевидение?
6. Чем она занимается на телевидении?

3.5. Die Schüler hören einen Text und geben den wesentlichen Inhalt in der Fremdsprache oder in der Muttersprache wieder.

Beispiel[1]:
Прослушайте радиопередачу и расскажите её основное содержание.
Результаты одного опроса
Недавно журналисты молодёжной редакции нашего радио опросили 1500 учеников старших классов московских школ. Журналистов интересовали отношения ребят с родителями, с учителями, друг с другом.
Вот некоторые результаты опроса.
42% учеников часто имеют конфликты с родителями, потому что родители ревнуют ребят к друзьям, к музыке, к хобби. Они не довольны, что их дети мало помогают дома, не очень хорошо или даже плохо учатся.
Интересно, что конфликты с родителями чаще всего бывают у учеников, которым 15 – 16 лет.

А вот конфликты с учителями чаще бывают у учеников, которым 14 – 15 лет. Как правило, эти ребята неплохо учатся. Но некоторые из них не довольны отметками, считают их несправедливыми, другим скучно на уроках, уроки кажутся им неинтересными.
33 % опрошенных старшеклассников чувствуют себя одинокими. Они хотят, но не могут найти настоящих друзей...

3.6. Die Schüler hören einen Text und erzählen ihn bezogen auf eine vorgegebene Aufgabe nach, z. B.:
Прослушайте текст и расскажите, что вы узнали о Тане (только о Тане).
Мои друзья
У меня много хороших друзей. Но самые лучшие это – Борис и Таня. Им тоже, как и мне, 14 лет. Борис – спокойный, серьёзный мальчик. А Таня весёлая, и с ней всегда очень интересно. Она придумывает новые игры, у неё богатая фантазия. Борис хорошо учится, много читает. Таня очень любит слушать музыку, отлично танцует. Борис увлекается математикой, компьютером. А её любимые предметы – это литература и история. Борис не любит животных, а у Тани дома целый зоопарк. У неё есть кошка, рыбки и любимая собака – белый пудель. Она часто гуляет с ней по парку.

3.7. Vermitteln in zweisprachigen Situationen
Das Vermitteln in zweisprachigen Situationen ist zweifellos eine anspruchsvolle Kontrollform, die sowohl Hör- als auch Sprechleistungen überprüft.
   Wird das Agieren als Sprachmittler zur Kontrolle von Hörverstehensleistungen eingesetzt, so sollte die Übertragung von russischsprachigen Äußerungen in die Muttersprache im Mittelpunkt stehen.

<u>Bewertungskriterien</u> sind in diesem Fall
– die Exaktheit der hörend erfaßten Inhalte,
– die Vollständigkeit der wiedergegebenen Sachverhalte,
– die logische/chronologische Art der Darstellung gemäß der Hörgrundlage.

Beispiel:
Прослушайте и переведите, что говорит туристам экскурсовод.
– У вас сегодня свободный вечер, и я хочу дать вам несколько советов, как его провести.
• Если вы любите классическую музыку, вы можете пойти на симфонический концерт. Сегодня в Большом зале Московской консерватории состоится концерт Российского национального симфонического оркестра. Дирижёр – Михаил Плетнёв. Будет исполнена музыка Бетховена и Чайковского. В концерте примут участие известные солисты. В честь Дня города концерт бесплатный.
• Если вы любите мюзикл, вы можете посмотреть в Парке Горького бродвейское шоу «Hair» («Волосы»). Этот знаменитый мюзикл был создан 27 лет назад и за это время поставлен 1800 раз... Премьера в Парке Горького состоится в субботу второго сентября.

- В кинотеатре гостиницы «Метропо́ль» вы можете посмотреть художественный фильм «Утомлённые со́лнцем»*. Этот фильм получил в США премию «Оскар» как лучший иностранный фильм 1995 года. Режиссёр фильма – Ники́та Михалко́в.

* „Die Sonne, die uns täuscht" (Originaltitel der dt. Fassung)

Zur Bewertung von Hörverstehensleistungen

Die Art der Bewertung von Hörverstehensleistungen ist zunächst abhängig vom Gegenstand der Kontrolle. Hörspezifische Operationen bzw. Teilfertigkeiten sind im allgemeinen gut handhabbar über eine Punktbewertung.

In Abhängigkeit von der Kontrollform, z. B. Zuordnen zu Bildern, multiple choice, auf Details abzielende Fragen, und in Abhängigkeit von der Art des Hörtextes können auch komplexe Hörverstehensleistungen vermittels einer Punktbewertung erfaßt und beurteilt werden (zur Umsetzung in Notenpunkte in Abhängigkeit vom Schwierigkeitsgrad der Kontrolle vgl. Punkt 1.3., S. 6).

Punktbewertungen stoßen an ihre Grenzen, sobald Aufgabenstellungen komplexer formuliert sind und der Schüler den wesentlichen Gehalt eines längeren Hörtextes erfassen und wiedergeben muß, z. B. beim Nacherzählen oder Dolmetschen. Für diesen Fall empfiehlt sich eine Kriterienbewertung, der zu Folge die Hörverstehensleistung des Schülers gemessen wird an:
– der Exaktheit des wiedergegebenen Inhalts,
– der Vollständigkeit des wiedergegebenen Inhalts,
– der Art der Darstellung.

Ein derartiger Ansatz geht von der Beschreibung der erwarteten Schülerleistung entsprechend der Notenskala aus.

Dazu folgender Vorschlag:

Note 1: Der Schüler hat den Sinngehalt des Hörtextes inhaltlich richtig und vollständig erfaßt und weist dies in logischer/chronologischer Darstellung des Gehörten nach.

Note 2: Der Schüler hat den Sinngehalt des Hörtextes inhaltlich richtig und im wesentlichen vollständig erfaßt und weist dies im großen und ganzen in logischer/chronologischer Darstellung des Gehörten nach.

Note 3: Der Schüler hat die Grundsubstanz des Sinngehalts erfaßt und gibt diese dem Hörtext entsprechend im wesentlichen in logischer/chronologischer Form wieder.

Note 4: Der Schüler hat den Sinngehalt des Hörtextes lückenhaft erfaßt und gibt das Verstandene in willkürlicher Form wieder.

Note 5: Der Schüler hat vereinzelte Sinnelemente erfaßt und gibt diese isoliert voneinander wieder.

Note 6: Der Schüler hat sinntragende Einheiten nicht erfaßt.

An dieser Stelle sei mit Nachdruck darauf verwiesen, daß bei der Darstellung des Verstandenen in der Fremdsprache der Bewertungsschwerpunkt auf der Rezeptionsleistung liegen muß, nicht auf deren sprachlicher Korrektheit.

2.1.2. Kontrolle und Bewertung von Sprechleistungen

Befragungen von Fremdsprachenlehrern zeigen, daß insbesondere bei der Kontrolle und Bewertung mündlicher Leistungen Unsicherheiten bestehen. Die Problematik von Kontrolle und Bewertung erwächst zweifellos aus der *Spezifik* des Sprechens.
Sprechen ist eine sehr komplexe Sprachtätigkeit, die vielfältige Fähigkeiten, Fertigkeiten, Kenntnisse und Gewohnheiten integriert und deren rasche Dynamisierung bei der mündlichen Sprachausübung voraussetzt. Dabei muß der Sprecher sowohl initiativ wie reaktiv tätig sein und die Besonderheiten monologischer und dialogischer Sprachausübung beherrschen.
Als Bestandteil fremdsprachlicher Interaktion steht das Sprechen in untrennbarem Zusammenhang mit dem Hören, wobei sich in der natürlichen Kommunikation im allgemeinen ein ständiger Rollenwechsel zwischen „Sprecher" und „Hörer" vollzieht.
Sprechen ist eine kommunikative Tätigkeit, die stets mit einer bestimmten Absicht ausgeübt wird, wie
- Informationen zu vermitteln bzw. zu erhalten,
- Wissen, Meinungen, Eindrücke oder Gefühle mitzuteilen,
- eine gemeinsame Tätigkeit zu steuern,
- zwischenmenschliche Kontakte herzustellen und/oder zu stabilisieren,
- andere Personen zum sprachlichen und/oder nichtsprachlichen Handeln zu veranlassen.

Dabei werden vom Sprecher Texte produziert, die in der natürlichen Kommunikation im allgemeinen durch Mimik und Gestik begleitet werden.

Für die Belange des Fremdsprachenunterrichts ist in diesem Zusammenhang zu berücksichtigen, daß der Schüler Sprechabsichten nur mit begrenzt zur Verfügung stehenden lexiko-grammatischen Mitteln in der Fremdsprache realisieren kann und dafür folglich Umkodierungsprozesse muttersprachiger Aussagen in fremdsprachige Formulierungsvarianten beherrschen muß. Da Lücken im Lexik- und Grammatikbesitz beim Sprechen erheblich stören und – anders als beim Schreiben oder Lesen – sofort „öffentlich gemacht werden", verstärkt sich die Diskrepanz zwischen Sprechenwollen und Sprechenkönnen und kann zu Hemmungen führen, die bei manchen Schülern eine absolute Sprechbarriere verursachen.
Der oben in groben Zügen beschriebenen Komplexität der Sprachtätigkeit Sprechen und den Besonderheiten ihrer Entwicklung im Fremdsprachenunterricht müssen Kontrolle und Bewertung von Sprechleistungen unbedingt Rechnung tragen. In diesem Zusammenhang wollen die folgenden *Regeln* für den Lehrer eine Orientierungshilfe sein:

1. Beachte, daß die Spezifik dialogischer bzw. monologischer Sprachausübung unterschiedliche Kontrollformen und Bewertungsansätze erfordert.
   Berücksichtige ebenfalls, daß in Unterhaltungsgesprächen der Schüler eine weit größere inhaltliche und sprachliche Flexibilität bei der Gesprächsführung aufbringen muß als beispielsweise beim Führen von sogenannten Alltagsgesprächen, wie beim Einkauf, bei der Inanspruchnahme von Dienstleistungen, bei der Erkundigung nach Wegen o. ä.

2. Formuliere der realen Kommunikationspraxis gemäße Kontrollaufgaben, die den Schüler zum Sprechen ermuntern, und lege vorab fest, ob du dem Schüler (ggf. individuell differenzierte) Lenkungshilfen (z. B. Stichwortgerüst, Gliederung o. ä.) zur Verfügung stellen willst.

3. Überlege, was du – bezogen auf die konkrete Sprechaufgabe – vom Schüler im Sinne einer inhaltlich-sprachlichen Norm erwartest, und sichere das dazu notwendige Voraussetzungswissen und -können im Bereich der Sprachmittel und entsprechender Lernverfahren ab.

4. Sorge für eine weitestgehend natürliche kommunikative Atmosphäre und unterbrich die Sprechleistung des Schülers nicht durch häufige korrigierende Eingriffe.

5. Vermeide eine überbetonte und offensichtliche Fehlerregistrierung und -korrektur. Die sprachliche Korrektheit ist immer nur ein Bewertungskriterium neben anderen.

6. Praktiziere einen von der positiven Leistung ausgehenden, sachlichen SOLL-IST-Vergleich auf der Basis vorab erläuterter Bewertungskriterien.
Berücksichtige stets, daß Mimik und Gestik die Realisierung einer Sprechabsicht befördern kann.

Die im folgenden beschriebenen Kontrollformen und Bewertungsansätze können sowohl im Anfangsunterricht wie im Fortgeschrittenenunterricht und gleichermaßen im Realschulbereich und im Gymnasium Anwendung finden.

Das jeweilige Anforderungsniveau ist den Lehrplänen bzw. Rahmenrichtlinien Russisch an Gymnasien und Realschulen bzw. Sekundarschulen (Sachsen-Anhalt), Mittelschulen (Sachsen), Regelschulen (Thüringen) zu entnehmen. Man muß dabei davon ausgehen können, daß die Lehrplanautoren bei der Bestimmung der Ziele und Inhalte für den Russischunterricht die Spezifik der Schularten, einschließlich des unterschiedlichen Stundenvolumens, angemessen berücksichtigt haben.

Aus unserer Sicht sind folgende *Unterscheidungskriterien für Anforderungen in den Sprachtätigkeiten (Hören, Sprechen, Lesen, Schreiben) im Anfangsunterricht bzw. auf der Fortgeschrittenenstufe sowie im Realschulbereich und im Gymnasium* maßgeblich:
– der Umfang und die Art der sprachlichen und inhaltlichen Voraussetzungen
– die Menge der zu verarbeitenden Informationen
– der Grad der gedanklichen Komplexität der Aufgabenstellung
– der Grad der sprachlichen und inhaltlichen Lenkung der Sprachausübung
– der Grad der Selbständigkeit des Schülers
– das Maß an gefordertem Transfer von Bekanntem auf neue Zusammenhänge
– die Abstraktionsebene der Aufgabenstellung.

Für die Kontrolle von Sprechleistungen seien diese Unterscheidungskriterien für den Anfangs- und Fortgeschrittenenunterrricht exemplarisch beschrieben:
Kontrollaufgaben sollten im Anfangsunterricht detaillierter formuliert werden, da dadurch die mündliche Sprachausübung des Schülers inhaltlich stärker gelenkt und für ihn „abrechenbarer" gemacht wird.

Beispiel:
- Erzähle über dich selbst!

Как тебя зовут? (имя, фамилия) Солько тебе лет? Где ты живёшь? Ты ученик (ученица)? Ты хорошо говоришь по-русски? Ты любишь слушать музыку, читать, играть в карты (шахматы)? Ты любишь спорт? Ты играешь в футбол (волейбол, баскетбол, теннис, …)?

Denkbar ist im Anfangsunterricht auch die Bereitstellung sprachlicher Impulse, die der Schüler unverändert übernehmen kann.
Beispiel:
- Sprecht über eure Freunde in Deutschland oder in Rußland.

У меня есть друг (подруга) в …
Он (Она) живёт …
Его (Её) зовут …
Ему (Ей) … лет.
Он (Она) хорошо говорит … и немного …
Он (Она) любит …
Он (Она) хорошо играет …

In der Fortgeschrittenenstufe muß der Komplexitätsgrad der Aufgaben zunehmen. Eine detaillierte inhaltliche Lenkung sollte vermieden werden, um dem Schüler für die eigene inhaltliche Gestaltung Raum zu geben.
Beispiel:
- Охарактеризуйте себя. Какие свои качества вы считаете положительными или отрицательными?

Sind sprachliche Hilfen vorgesehen, so sollten diese im Fortgeschrittenenunterricht in der Grundform und damit als Gliederungspunkte formuliert werden, z. B.:

Variante 1
- Расскажите об одном из концертов, на которых вы были.

Вы можете использовать:
– быть на … концерте когда?, где?, с кем?;
– начаться/начинаться, кончиться/кончаться;
– сидеть в … ряду; плохо, хорошо видеть (слышать);
– участвовать в концерте, выступить/выступать на концерте, исполнить/исполнять музыку (песню, …);
– (не) очень, (не) особенно по/нравиться, больше всех (всего) по/нравиться, пользоваться (самым) большим успехом, быть в восторге от певца (певицы, …).

Variante 2
- Расскажите об одном из концертов, на которых вы были.

Вы можете использовать:
быть (где? когда? с кем?); начаться/начинаться; кончиться/кончаться; сидеть (где?); видеть, слышать (как?); участвовать; выступить/выступать, исполнить/исполнять; по/нравиться, быть в восторге; пользоваться успехом.

Anregungen für die Kontrolle von Sprechleistungen

1. Sprachlich und/oder inhaltlich gelenkte mündliche Textproduktion

Der Schüler erarbeitet einen Monolog (Bericht, Beschreibung, Erörterung) oder einen Dialog (Alltagsgespräch oder Unterhaltungsgespräch) anhand eines in russischer Sprache vorgegebenen Stichwortgerüstes, vorgegebener russischer oder deutscher Fragen bzw. Gliederungspunkte oder vervollständigt fehlende Repliken in einem schriftlich vorliegenden Dialog, z. B.

ANFANGSUNTERRICHT
- Расскажи, где ты живёшь.

Variante 1
- Расскажи о городе (деревне), где ты живёшь.

... живу в ...
Он (Она) называется ...
... старый ([старая], ещё молодой [молодая]) и (не) большой ([большая], маленький [маленькая]) ...
У нас в городе (в деревне) есть ...
В центре ... находится (находятся) ...
Я очень люблю ... Это моё любимое место.
Я живу на ... улице ..., в доме номер ...

Variante 2
- Расскажи, где ты живёшь.

Ты живёшь в городе или в деревне? Это большой или маленький город (большая или маленькая деревня)?
Как он (она) называется?
У вас есть река? Как она называется?
Что находится в центре города (деревни)?
Город (Деревня), где ты живёшь, красивый (красивая)?
У тебя есть любимое место? Расскажи о нём.

Variante 3
- Du wirst gebeten, vor russischen Gästen einen kleinen Vortag über deinen Heimatort zu halten. Überlege, was du dazu schon alles in russischer Sprache sagen kannst. Bedenke, daß die folgenden Punkte unbedingt in deinen Ausführungen enthalten sein sollten:
– Name der Stadt (des Dorfes)
– Größe
– Industrie(betriebe)
– Sehenswürdigkeiten und wo sie sich befinden
– Verkehrsmittel
– kulturelle Einrichtungen
– Sportstätten.

- Unterhalte dich mit einem russischen Schüler über dessen Heimatort. Stelle ihm möglichst viele Fragen. Gehe dabei unbedingt auf die folgenden Punkte ein (vgl. oben aufgeführte Variante 3). Antworte auch auf die Fragen, die der Gast zu deinem Heimatort stellt.

- Bei einem Aufenthalt in Rußland bittet dich die Mutter deiner Gastfamilie, einige Dinge zu besorgen, die sie für das Abendessen benötigt. Sie schreibt dir einen Einkaufszettel.
1 бут. молока, 10 булочек, 200 г (сливочного) масла (пачку масла), 3 бут. воды, 300 г сыра, 300 г колбасы, 2 кг яблок, 500 г конфет, пачку кофе, банку растворимого кофе, коробку конфет, Московский торт.
Führe ein Gespräch mit der Verkäuferin. Verlange die auf dem Einkaufszettel notierten Lebensmittel, erkundige dich nach Preisen.

- Дополни твои реплики.
В магазине «Русские сувениры»
Ты:
Продавец: Какую? Большую?
Ты:
Продавец: ... рублей.
Ты:
Продавец: Она стоит только ... рублей.
Ты:
Продавец: Пожалуйста. Платите в кассу.

FORTGESCHRITTENENSTUFE

- Расскажите по следующему плану об одной из недавно прочитанных книг:
название
автор
тема
когда происходит действие
главные герои
краткое содержание
главная мысль

- Поговорите о вашем отношении к чтению. Ответьте на следующие вопросы:
Любите ли вы читать?
Какой литературой вы особенно интересуетесь и почему?
Есть ли у вас любимый писатель, любимые книги?
Каково ваше отношение к классике?
Читаете ли вы книги на иностранном языке?

- Bei einem Treffen mit russischen Jugendlichen werden Sie gebeten, über Ihre beruflichen Pläne zu erzählen. Machen Sie Ausführungen zu Ihrem Berufswunsch, zu den Gründen für die Berufswahl und zu Dauer und Ort Ihrer Berufsausbildung bzw. Ihres Studiums.

- Erkundigen Sie sich auf dem Bahnhof/auf dem Flughafen nach Abfahrts- bzw. Ankunftszeiten des von Ihnen gewählten Verkehrsmittels, dem Bahnsteig bzw. Abflugterminal, der Fahrt- bzw. Flugdauer, dem Service. Lassen Sie eine Platzreservierung vornehmen bzw. einen Flug für Sie buchen.
Diese Aufgabe kann auch als Rollenspiel für zwei Schüler erteilt werden.

- Sie wollen von Ihrem Gesprächspartner mehr über dessen Freundin/Freund erfahren. Fragen Sie ihn also nach allen Regeln der Kunst aus. Die folgenden Stichworte sollen Ihnen dabei helfen.
возраст: ему (ей) 14 (16, ...) лет (год, года)
рост: высокий, маленький, ...
фигура: стройный, толстый, худой, ...
внешность: красивый, симпатичный, ...
глаза: ..., волосы: ..., нос: ..., губы: ...
характер: активный, ленивый, старательный, любит посмеяться, ...
хобби: ...

2. Weitestgehend ungelenkte (freie) mündliche Textproduktion

2.1. Mündliche Textproduktion auf der Basis einer Bildvorlage

Im Anfangsunterricht sollten beim Sprechen anhand bildlicher Impulse (Einzelbild oder Bilderserie) stärker beschreibende und berichtende Momente im Mittelpunkt stehen, die die Anwendung eines bestimmten thematischen Wortschatzes (z. B. Wohnungseinrichtung, Kleidung, Freizeittätigkeiten usw.) und ausgewählte Strukturen (z. B. Orts- und Zeitangaben) erfordern, z. B.:

- Расскажи, что делала Аня в первый день зимних каникул.
Используй: быть где?, играть во что?, кататься на чём?, слушать что?, смотреть что?, писать что?, читать что?

- Закончите рассказ. Расскажите, о чём мечтают ребята.
Завтра начнутся летние каникулы. А сегодня в школе ещё идут уроки. Но ребята плохо слушают. Каждый мечтает о каникулах. Владимир мечтает, как он поедет в деревню и будет фотографировать. ...
Используйте: поедет, пойдёт, будет ходить и другие глаголы.

FORTGESCHRITTENENSTUFE
- Составьте рассказ. Начните так:

Дима и Вера влюблены друг в друга. Сегодня они договорились о первом свидании. Они хотят встретиться в 19 часов в парке под часами. Используйте, например: снег идёт, лежит (на голове, на плечах Димы), Дима весь в снегу, часы покрыты снегом, фигуры из снега, гора снега, обнять/обнимать кого?

- Wegbeschreibung

Der Schüler beschreibt anhand eines vorliegenden Stadtplanes den Weg zu einer bestimmten von ihm gewählten Sehenswürdigkeit, zur Post o. ä. (vgl. dazu auch die Ausführungen zum Hören, S. 17).
Diese Aufgabe kann auch als Rollenspiel angelegt sein.

2.2. Nacherzählung
Der Schüler liest oder hört einen Text.

Variante 1
Er macht sich beim Lesen oder Hören Notizen zum wesentlichen Inhalt und gibt diesen (ohne Textvorlage) in der Fremdsprache mit eigenen Worten wieder.

Variante 2
Der Schüler erzählt den Text aus der Sicht einer handelnden Person nach.

Variante 3
Der Schüler gibt den wesentlichen Inhalt eines gelesenen oder gehörten Textes in der Fremdsprache wieder und wertet z. B. eine ausgewählte Person, ein ausgewähltes Ereignis oder erläutert, warum der Text ihm gefallen oder nicht gefallen hat.

2.3. Interview
Der Schüler erhält die Aufgabe, ein Interview mit dem Lehrer, einem Mitschüler oder einer anderen Person (z. B. Schauspieler, Politiker o. ä.) zu einem bestimmten Thema (z. B. Freizeitinteressen, Vorstellungen von Mode, Ehe etc.) zu führen. Dazu darf er Fragen vorbereiten. Zu beachten ist, daß der Interviewer die Initiative behalten muß. Wenn das Interview als Partnerübung geplant ist, ergeben sich für die Partner unterschiedliche Bewertungsaspekte:
Interviewer: Wie hat er es verstanden, in sprachlich angemessener Form viele Informationen zu erhalten? Waren seine Fragen logisch aufeinander abgestimmt und sachlich?
Interviewter: Hat er sprachlich und inhaltlich angemessen auf die Fragen reagiert?

2.4. Führen von Gesprächen (Kontaktgespräch, Unterhaltung, Diskussion)
Beispiel:
- Du bist bei einer russischen Gastfamilie untergebracht. Führe mit deinen Gasteltern ein erstes Kontaktgespräch.

- Ihr plant in Moskau einen Kinobesuch. Führe an der Kinokasse ein Gespräch, in dem du alle notwendigen und dich interessierenden Informationen einholst.

- Unterhaltet euch, welche Musikrichtungen und Interpreten ihr (warum) bevorzugt bzw. ablehnt, und tauscht Eindrücke aus über ein Konzert eurer Lieblingsgruppe (eures Lieblingssängers), das ihr miterlebt oder im Fernsehen gesehen habt.

- Die Schüler lesen zunächst gemeinsam einen Text (z. B. zur Umweltproblematik, zum Drogenkonsum, zur Rolle der Medien o. ä.). Nachdem das Textverständnis abgesichert ist, erhalten sie die Aufgabe, paarweise oder als Gruppe eine Diskussion zu der im Text behandelten Problematik zu führen und dabei die eigene Meinung darzulegen und zu begründen, warum sie dem Autor zustimmen oder widersprechen.

2.5. Monologisches Sprechen
Der Schüler erhält die Aufgabe, sich anhand selbstgefertigter Notizen und Gliederungspunkte zu einem ausgewählten Thema zusammenhängend in russischer Sprache zu äußern, z. B.:

ANFANGSUNTERRICHT
- Dein Gesprächspartner interessiert sich für deinen Tagesablauf. Beschreibe ihm, was du zu bestimmten Tageszeiten machst.
- Berichte einem russischen Gesprächspartner, wie das letzte Wochenende in eurer Familie verlaufen ist.

FORTGESCHRITTENENSTUFE
- Расскажите, как вы относитесь к иностранцам, которые живут в Германии.
- Расскажите об истории вашего города/об истории рок-музыки/о новых тенденциях в моде/о новом на компьютерном рынке и т. д.

Im Fortgeschrittenenunterricht sollten die Schüler angehalten werden, ihren Vortrag durch den Einsatz von OHP, Tafelbild, Bildmaterial o. ä. zuhörerfreundlicher und anschaulicher zu gestalten und am Schluß eventuelle Fragen der Zuhörer einzuholen. Die Art der Vortragspräsentation sollte angemessen in die Bewertung der monologischen Leistung einbezogen werden.

2.6. Fremdsprachiges Reagieren auf muttersprachig vorgegebene Impulse
Diese Kontrollform ist gleichermaßen im Anfangs- und Fortgeschrittenenunterricht einsetzbar und geeignet für die Überprüfung von Sprech- und Schreibleistungen.

Beispiele:
- Erzählt euren russischen Freunden, die in Deutschland leben,
  - daß ihr eine Woche in Moskau wart,
  - daß ihr viele Sehenswürdigkeiten Moskaus besichtigt habt,
  - wie euch der Kreml und andere architektonische Denkmäler gefallen haben,
  - was ihr bei einer weiteren Reise unbedingt noch ansehen möchtet,
  - ob ihr interessante Menschen kennengelernt oder
  - sogar Briefpartner gefunden habt.
- Sage deinem russischen Gesprächspartner,
  - daß du schon gut (noch nicht so gut) russisch verstehst,
  - daß du ihn (nicht) verstanden hast,
  - daß er sehr (zu) schnell spricht,
  - daß er bitte langsamer sprechen möchte,
  - daß er seine Aussage wiederholen möchte,
  - daß er dir helfen möchte, die russische Bezeichnung für „..." zu finden.
- Sagen Sie es russisch.
  - Erkundigen Sie sich nach dem Weg ins Stadtzentrum (zum Bahnhof).
  - Fragen Sie, welches Verkehrsmittel Sie benutzen können.
  - Fragen Sie nach einem guten Hotel.
  - Lassen Sie sich Sehenswürdigkeiten des Ortes empfehlen.
  - Informieren Sie sich über Abendvorstellungen in (Film-)Theatern.
  - Erfragen Sie von einem Passanten die Uhrzeit.

2.7 Vermitteln in zweisprachigen Situationen
Hier sollten die entsprechenden Ausführungen zum Hören verglichen werden (S. 21). Wird das Agieren als Sprachmittler als Form der Kontrolle von Sprechleistungen eingesetzt, so muß die Übertragung von deutschsprachigen Äußerungen ins Russische im Mittelpunkt stehen. Dabei sollte im Anfangsunterricht zunächst satzweise und unter Einbeziehung bekannten Wortmaterials vorgegangen werden, d.h. der Schüler hört einen deutschsprachigen Satz und überträgt diesen sofort ins Russische. Auf der Fortgeschrittenenstufe sollte der Schwierigkeitsgrad allmählich gesteigert werden, indem der Schüler 3 – 4 Sätze in deutscher Sprache hört, sich ggf. Notizen macht und anschließend ins Russische überträgt. Dabei sollte auch unbekanntes Wortmaterial einbezogen werden, um die Fähigkeit des Schülers im Umschreiben bzw. im Suchen von Formulierungsvarianten zu überprüfen.

Zur Bewertung von Sprechleistungen

Im folgenden soll ein Bewertungsansatz beschrieben werden, der relativ schnell und für den Schüler nachvollziehbar Aussagen über die Sprechleistung zuläßt, der von der positiven Leistung – nicht vom Fehler – ausgeht und eine differenzierte Bewertung bei differenzierten Aufgabenstellungen ermöglicht.

Die Bewertung erfolgt nach den in den Tabellen enthaltenen Kriterien gesondert für monologische und dialogische Sprechleistungen. Alle Kriterien genießen den gleichen Stellenwert. Es wird berücksichtigt, daß die einzelnen Kriterien in der mündlichen Rede von verschiedenen Schülern qualitativ unterschiedlich realisiert werden können. So beschreibt z.B. ein Schüler seinen Heimatort in der Fremdsprache sehr ausführlich, logisch und flüssig. Ein anderer dagegen spricht nahezu fehlerfrei, ausführlich mit inhaltlicher Logik, aber stockend. Um dieser Spezifik mündlicher Sprachausübung Rechnung zu tragen, wird bei unserem Bewertungsansatz auf die Beschreibung einer relativ festen Graduierung (die Note 1 erhält der Schüler, wenn ...) verzichtet und dafür für jedes Kriterium Ausprägungsgrade formuliert, die einer Punktvergabe entsprechen. Für jedes Kriterium werden also entweder 3 Punkte (= Kriterium vollständig erreicht) oder 2 Punkte (= Kriterium im wesentlichen erreicht) oder 1 Punkt (= Kriterium ansatzweise erreicht) oder 0 Punkte (= Kriterium nicht erreicht) vergeben. Diese relativ offenen Formulierungen widerspiegeln die bewußt angelegte Interpretationsbreite für den Lehrer, der im Rahmen der Vergabe von Punkten für die Ausprägungsgrade der einzelnen Kriterien das individuelle Leistungsvermögen jedes Schülers berücksichtigen und seine Normvorstellungen vermitteln kann.

Die Leistungsbewertung und der damit verbundene „Kommentar zur Leistung" ergibt sich bei der beschriebenen Vorgehensweise aus der Summe der Bewertungen für die einzelnen Kriterien. Damit wird das Verhältnis von Leistung und Zensur für alle Schüler nachvollziehbar und durchschaubar, zumal gezielte kriterienbezogene Beobachtungsaufgaben vergeben werden können. Gemeint ist hier die Einbeziehung möglichst vieler Schüler in die Leistungsfeststellung in Phasen mündlicher Einzelkontrolle. Die Schüler erhalten dabei die Aufgabe, die Sprechleistung ihres Mitschülers unter Berücksichtigung eines Kriteriums zu verfolgen. Unsere Erfahrungen haben gezeigt, daß Schüler diese Beobachtungsaufgaben sehr ernst nehmen, wenn gewährleistet ist, daß der Lehrer ihre Beobachtungsergebnisse mit seinen eigenen vergleicht und auf dieser Basis die Wertung erfolgt.

Die Vergabe von Punkten ermöglicht, daß Ergebnis der Bewertung unkompliziert und schnell in Zensurengraden auszudrücken.

Unser Bewertungsansatz sieht auch die Vergabe von Bonuspunkten vor, u. a. für freies bzw. nur inhaltlich gelenktes Sprechen. Hierbei beachte man unbedingt den Grad häuslicher Vorbereitung. Frei vorgetragene, aber auswendig gelernte Sprechleistungen dürfen natürlich nicht mit einem Bonus belohnt werden.

Bewertung von Monologen

Kriterien	Ausprägungsgrad (= Punkte)			
	3	2	1	0
Themabezogenheit und inhaltliche Reichhaltigkeit/Ausführlichkeit				
logischer Aufbau				
Selbständigkeit beim Textvortrag				
Sprachliche Korrektheit				
Verständlichkeit				
Flüssigkeit des Vortrags/ Art der Präsentation				

Zusätzliche Bonuspunkte für
– freies, d. h. sprachlich nicht gelenktes Sprechen
– Originalität bei den Inhalten
– Variabilität des sprachlichen Ausdrucks
– Aussprache/Intonation

Punktabzug in der Fortgeschrittenenstufe bei
– Nichtverwendung klassenstufengemäßer Lexik
– inhaltlich-kompositorischen Primitivlösungen.

Punktmaßstab
Note 1:   18 Punkte
Note 2:   17 – 15 Punkte
Note 3:   14 – 11 Punkte
Note 4:   10 – 7 Punkte
Note 5:   4 – 6 Punkte
Note 6:   0 – 3 Punkte

(In den Punktmaßstab gehen die Bonuspunkte nicht ein, diese werden zusätzlich vergeben.)

Bewertung von Dialogen

Kriterien	Ausprägungsgrad (= Punkte)			
	3	2	1	0
Initiative bei der Gesprächsführung				
angemessene Reaktion auf Äußerungen des Partners				
Selbständigkeit				
Sprachliche Korrektheit				
Verständlichkeit				

Zusätzliche Bonuspunkte für
– freies, sprachlich nicht gelenktes Sprechen
– Originalität bei den Inhalten
– Beweglichkeit bei der Gesprächsführung
– Variabilität des sprachlichen Ausdrucks
– Aussprache/Intonation

Punktabzug in der Fortgeschrittenenstufe bei
– Nichtverwendung klassenstufengemäßer Lexik
– inhaltlich-kompositorischen Primitivlösungen

Punktmaßstab
Note 1:   15 Punkte
Note 2: 12 – 14 Punkte
Note 3: 9 – 11 Punkte
Note 4: 6 – 8 Punkte
Note 5: 5 – 3 Punkte   (In den Punktmaßstab gehen die Bonuspunkte nicht ein,
Note 6: 0 – 2 Punkte   diese werden zusätzlich vergeben.)

2.1.3. Kontrolle und Bewertung des Leseverstehens

Das (stille) Lesen ist eine rezeptive Sprachtätigkeit, bei der der Leser Informationen aufnimmt und verarbeitet. Für den Fremdsprachenunterricht sind im wesentlichen zwei Lesarten, die den Zugang des Schülers zum Text bestimmen, von Bedeutung:
a) der Text wird mit dem Ziel gelesen, bestimmte (Detail)Informationen herauszufinden
b) der Text wird mit dem Ziel gelesen, seinen wesentlichen Inhalt zu erfassen.

Die Entwicklung von Können im stillen Lesen ist einerseits gerichtet auf die inhaltliche Seite des Verstehensprozesses, im Sinne des Verstehens des in der Fremdsprache gelesenen Textes durch den Schüler. Sie muß anderseits aber gleichermaßen die „tech-

nische" Seite des Verstehensprozesses in den Blick nehmen, d.h., den Schüler zum sicheren Gebrauch von Lesetechniken führen. Dazu gehören z. B.:
- das Buchstabieren und Ordnen nach Geschlecht, Wortart etc.,
- das Anwenden von Erschließungstechniken unbekannter Lexik,
- der Umgang mit dem Wörterbuch,
- satzübergreifend lesen zu können,
- syntaktische und inhaltliche Beziehungen erfassen zu können,
- Schlüssel- oder Signalwörter zu erkennen,
- komplizierte Satzstrukturen auf deren Kerngehalt reduzieren zu können,
- Wichtiges von Unwichtigem trennen zu können,
- die gedankliche und formale Textstruktur zu erfassen.

Die Kontrolle von Lesetechniken soll hier nicht abgehandelt werden. Wir geben Anregungen für die Kontrolle und Bewertung des Leseverstehens und stellen auch hier einige Regeln voran, die sich als Orientierungshilfe für den Lehrer verstehen wollen.

1. Bestimme, welche Lesart du kontrollieren willst, und überlege, ob dies mit dem von dir ausgewählten Text tatsächlich zu erreichen ist. Ein Text, der z. B. viele Zahlenangaben oder detaillierte Vorgangsbeschreibungen enthält, ist nicht geeignet für das Erfassen des wesentlichen Inhalts.

2. Prüfe, ob die von dir formulierten Kontrollaufgaben der Spezifik der Lesart gerecht werden, und bedenke, daß für die Kontrollphase eine der Lesart und Textlänge angemessene Zeit dem Schüler zur Verfügung gestellt wird.

3. Überlege, welche Hilfsmittel die Schüler nutzen dürfen und ob ggf. eine sprachliche und/oder inhaltliche Vorentlastung des Textes notwendig ist.

4. Betrachte die Kontrollaufgaben auch als Lesehilfe für den Schüler und als Anregung für eine Auseinandersetzung mit dem Text. Vermeide – zumindest für leistungsschwächere Schüler – Aufgaben der Art: Прочитай и расскажи, что ты понял.

5. Formuliere abwechslungsreiche Kontrollaufgaben und beachte, daß Eintönigkeit bei den Aufgabenstellungen, wenn z. B. ausschließlich Fragen zu Textinhalten gestellt werden, Freude und Findigkeit beim Lesen zerstören können.

6. Löse selbst alle Kontrollaufgaben und formuliere deinen Erwartungshorizont.

7. Berücksichtige bei der Bewertung der Leseverstehensleistung den Schwierigkeitsgrad des Textes und den Komplexitätsgrad der von dir formulierten Aufgabenstellungen. Für die Bestimmung des Schwierigkeitsgrades eines Lesetextes gelten u. E. auch die für Hörtexte benannten Aspekte (vgl. 2.1.1., S. 12).

Die folgenden Kontrollformen und Bewertungsansätze können im Anfangs- und im Fortgeschrittenenunterricht der Realschule wie des Gymnasiums Anwendung finden. Auch hier gelten die unter 2.1.2. (S. 24) formulierten Unterscheidungskriterien für den Grad der Anforderungen. Unsere Anregungen beziehen sich auf Lesetexte, die für unterrichtliche Zwecke aufbereitet/adaptiert worden sind. Ausführungen zu Kontrolle und Bewertung des Lesens authentischer literarischer und Sachtexte erfolgen im Kapitel 3.

Anregungen für die Kontrolle von Leseleistungen

1. Detailerfassendes Lesen

ANFANGSUNTERRICHT

- Прочитай текст и сосчитай, сколько слов Борис не написал. Назови их.

На уроке

Это ученики. Они на уроке. Они учат русский язык. На стене висит доска. Учитель пишет на доске русские слова: весна, стадион, девочка, дедушка, кресло, окно, книга, альбом, карандаш. Борис пишет в тетрадь: весна, стадион, дедушка, кресло, книга.

- Прочитай текст и расскажи (напиши), что ты узнал о Тамаре.

Разговор
— В каком классе учится Тамара?
— В пятом.
— Как она учится?
— Хорошо.
— А Вова?
— Он тоже хорошо учится.
— Ему семь лет?
— Да. Он учится в первом классе.
— Вова занимается спортом?
— Он очень любит заниматься спортом.
— А Тамара?
— Она тоже любит спорт. Сейчас Тамара в спортзале. Она там играет в волейбол. Ей нравится волейбол. А Вове нравятся футбол и шахматы.

- Der Schüler liest vorgegebene Sätze und entscheidet für jeden Satz, ob dieser zu einem vorgelegten Bild paßt, z. B.:

предложение	правильно	неправильно

1. Светит солнце.
2. Ивановы дома.
3. Вера Иванова отдыхает.
4. Борис Иванов работает.
...

- Der Schüler liest eine kurze Textvorlage und sucht aus mehreren Bildern jenes heraus, das zum Textinhalt paßt, z. B.:

— Вот автобус.
— Куда он едет?
— В центр.
— Так это не наш.
— Правильно. Наш автобус едет на стадион.

- Der Schüler muß vorgegebene Ortsangaben entsprechenden Hinweisschildern zuordnen (entweder durch eine Linie oder schriftlich), z. B.:
Was gehört zusammen?

FORTGESCHRITTENENSTUFE

- Der Schüler liest einen zusammenhängenden Text und ordnet Daten, Zahlen bzw. Detailinformationen in ein vorgegebenes System/eine vorgegebene Übersicht ein. z. B.:

Первый русский музей

Город Санкт-Петербург расположен на островах в дельте Невы. Сто один остров. Самый большой из них – Васильевский. Здесь родилась русская наука. Сохранилось даже здание, где она родилась – большой красивый дом с башней. Дом строили с 1718 по 1727 год. Здесь находится первый русский музей. Его называли Кунсткамера. Это немецкое слово можно перевести на русский язык как «музей редкостей». Музей основал царь Пётр Первый (1672 – 1725). Мысль основать в России такой музей появилась у него, когда он путешествовал по Европе. Там он знакомился с кунсткамерами, где было выставлено всё необычное. Люди смотрели и удивлялись. Но Пётр хотел, чтобы люди ещё и учились. В кунсткамере в Петербурге были выставлены коллекции, которые царь собирал всю свою жизнь: инструменты, глобусы, географические карты и т. д.

Вход в музей был бесплатным.

В здании кунсткамеры помещались также первая русская общественная библиотека, анатомический театр (anatomische Ausstellung) и обсерватория.

Сейчас в здании бывшей кунсткамеры два музея: музей антропологии и этнографии и музей М. В. Ломоносова. Великий русский учёный, поэт, художник, историк М. В. Ломоносов (1711 – 1765) 25 лет работал в музее, библиотеке и обсерватории кунсткамеры.

Mögliche Aufgabenstellung:
Lesen Sie den Text und ergänzen Sie die folgende Übersicht.

Das erste Museum von Petersburg

Bauort: *St. Petersburg*
Bauzeit: *1718 – 1727*
Begründer: *Zar Peter I.*
Bedeutung: *erstes russisches Museum*
Vorbilder: *Kunstkammern in Europa, in denen Ungewöhnliches ausgestellt war*
Exponate: *Instrumente, Globen, geographische Karten usw.*
Funktion: *Museum für Anthropologie und Ethnographie, Lomonossow-Museum*

- Der Schüler liest einen Text und entscheidet, welche der vorgegebenen Aussagen richtig ist. Z. B.:

(1)   Саша Лопатин – молодой журналист. Ему 23 года. В газете, где он работает, все знают, что Саша мечтает взять интервью у очень интересного человека. И вот однажды друзья-журналисты дали ему адрес Валентины Смирновой и сказали, что он может взять у неё интервью. Валентина будет ждать его сегодня в 18 часов. Друзья не сказали Саше, кто это Валентина Смирнова, поэтому Саше было особенно интересно.

(2)   Саша долго не мог найти такси и опоздал. Когда он наконец позвонил в квартиру Смирновой, дверь ему открыла молодая женщина в пальто:
– Вы Саша Лопатин? А я Валентина. Извините, мне надо в магазин. Я приду минут через пятнадцать. Подождите меня, пожалуйста. Посмотрите газеты и журналы.
– Конечно, подожду.

(3)   Валентина ушла, а Саша стал просматривать газеты и журналы. Вдруг он услышал шум (Lärm) в соседней комнате. Саша открыл дверь и … прыгнул на шкаф. В комнату вошёл тигр, сел около шкафа и стал спокойно смотреть на Сашу. – Тигр! Настоящий тигр! Он съест меня! Как мало я жил! – думал Саша.

(4)   Скоро пришла Валентина. Она увидела Сашу на шкафу, засмеялась и сказала:
– Извините, Саша, что я забыла запереть дверь (Tür abschließen) в его комнату. Не надо его бояться. Он ещё молодой. Ему скоро будет год. Его зовут Малыш (der Kleine). Малыш, иди в свою комнату.

(5)   Малыш ушёл. И Валентина рассказала Саше, что она лётчик. Несколько месяцев назад она летала в тайгу к геологам. Она привезла им письма и книги, а они подарили ей маленького тигра. С тех пор Малыш живёт у неё. Он умный, спокойный, и они прекрасно понимают друг друга. Но все почему-то боятся его и говорят, что тигр должен жить в зоопарке. А она любит Малыша и не знает, что делать…

(6)   Месяца через три Валентина позвонила Саше и сказала, что Малыш теперь артист и выступает в цирке.

По рассказу Б. Ласкина «Малыш»

Mögliche Aufgabenstellung: В тексте написано, что

1. Саша Лопатин –
a) молодой журналист.
б) старый учитель.
в) ещё не очень старый врач.

2. Валентина Смирнова –
a) геолог.
б) биолог.
в) лётчик.

3. Малыш –
a) собака.
б) тигр.
в) кошка.

4. Малышу
a) скоро будет год.
б) один месяц.
в) скоро будет 5 лет.

5. Когда Саша увидел тигра, он
a) убежал из квартиры.
б) выпрыгнул из окна на улицу.
в) прыгнул на шкаф.

6. Валентине подарили маленького тигра
a) геологи в тайге.
б) охотники на Дальнем Востоке.
в) туристы на Кавказе.

7. Валентина позвонила Саше и сказала, что Малыш
a) всё ещё живёт у неё.
б) выступает в цирке.
в) живёт в зоопарке.

- Der Schüler liest einen Text und beantwortet darauf bezogene Einzelfragen (sogenannte W-Fragen): Wer? Wann? Was? Wie? Warum?

2. Erfassen des wesentlichen Inhalts

- Der Schüler liest einen Text und findet heraus, um wen es sich beim Helden handelt.

Beispiel für den Anfangsunterricht
Прочитай текст и скажи: Кто это?
Рассказ Бобика
Меня зовут Бобик, и мне три года. Мой хозяин Виктор говорит, что я очень красивый и умный. У меня длинные уши и чёрный круглый нос. Виктор очень ленивый. И я всегда приношу ему газеты, мяч и карандаши. Утром я хожу с ним гулять. Потом Виктор идёт в школу, а я жду его дома. После обеда мы часто играем в мяч и бегаем по парку. Я бегаю быстрее, чем Виктор, потому что у меня четыре…
Кто я?

- Der Schüler liest einen Text und findet selbst eine passende Überschrift, die er dann mit dem Original vergleicht.

Beispiel für die Fortgeschrittenenstufe: (Мороженое – *Überschrift nicht vorgeben*)
Мама входит в комнату и просит:
– Девочки, помогите мне посуду вымыть.
Старшая сестра Наташа читает книгу об Африке, а младшая Оля рисует. Им не хочется мыть посуду. Но Оля говорит:

— Хорошо, мама, я сейчас помогу тебе, а потом опять буду рисовать.
Мама моет посуду. Оля тоже моет посуду. Скоро Оля приходит в комнату и говорит:
— Наташа, мы уже почти всю посуду вымыли!
— А меня здесь нет, я в Африке, – говорит Наташа и продолжает читать.
Оля приносит чистую посуду.
— Ой, что ты ешь? – говорит Наташа.
— А это мороженое. Я съела два: своё и твоё, – отвечает Оля.
— Зачем же ты моё съела? – спрашивает Наташа.
— А мама говорит, что ты в Африке. Мы не знаем, когда ты приедешь, а мороженое может растаять.

- Der Schüler liest einen Text und entscheidet, welche der vorgegebenen Überschriften zum Textinhalt paßt, z. B.:
Textvorlage «Малыш» *(ohne Überschrift)*

Mögliche Aufgabenstellung:
Lesen Sie den Text und entscheiden Sie, welche der aufgeführten Überschriften passend wäre, und begründen Sie Ihre Entscheidung:
1. Необычная история
2. Интервью с интересным человеком
3. Подарок
4. 15 минут наедине с тигром
5. Малыш
6. Такая любовь

- Der Schüler liest einen Text mit der Aufgabe, vorgegebene Teilüberschriften oder Gliederungspunkte entsprechenden Textabschnitten zuzuordnen. Z. B.:

Sophie Auguste Friederike – Екатерина Алексеевна
Весной 1729 года в городе Штеттине в семье принца Христиана Ангальт-Цербстского родилась дочь София Августа Фредерика. Отец девочки был генералом *прусской* армии. Ему было 40 лет, а матери Софии Августы Фредерики только 17.
Девочка росла, и мать часто рассказывала ей о своём *двоюродном* брате, *голштинском* принце Карле. *Женой* Карла была Анна, дочь русского *императора* Петра Первого. Карл и Анна рано умерли. Русская императрица Елизавета, сестра Анны, взяла их сына. У неё не было детей, и сын сестры стал её *наследником*. В Германии его звали Карл Пётр Ульрих, в России его стали звать Пётр (Фёдорович).
Скоро в Германии узнали, что Елизавета решила найти жену своему наследнику. В эти дни Елизавета получила из Германии много портретов немецких принцесс. Ей особенно понравился портрет Софии Августы Фредерики, который нарисовал известный художник Пэн, а заплатил за портрет *король* Фридрих Второй (отец Софии Фредерики Августы был не очень богатым).

В январе 1744 года София Фредерика с матерью поехала в Россию. В августе 1745 года она стала женой Петра. От русской (православной) церкви она получила имя Екатерина (Алексеевна). Ей было 16 лет, а Петру 17.

Mögliche Aufgabenstellung:
Lesen Sie den Text und ordnen Sie die folgenden Gliederungspunkte so, daß sie der Reihenfolge der Behandlung im Text entsprechen.
I. Der Nachfolger der Zarin
II. Sophias Portrait gelangt an den Zarenhof
III. Sophias Herkunft
IV. Heirat mit dem Thronfolger

Analog könnte zum Text «Малыш» (s. S. 38) verfahren werden:
- Не надо его бояться   (4)
- Малыш – артист цирка   (6)
- Первая встреча с Валентиной (2)
- Мечта Саши   (1)
- История Малыша   (5)
- В одной комнате с тигром   (3)

Weiteres Aufgabenbeispiel:
Lesen Sie den folgenden Text und ordnen Sie die folgenden Gliederungspunkte so, daß sie der Reihenfolge der Behandlung im Text entsprechen.
1. Встреча в Москве   (5)
2. Неожиданное письмо   (4)
3. Три года переписки   (2)
4. Нобелевская премия   (7)
5. Первая встреча   (1)
6. Война   (3)
7. Семья   (6)

Это текст о любви русской и немца. Варя* Белова и Вальтер Боте познакомились в 1911 г. в Берлине. Вальтеру было 20 лет, и он изучал физику в университете. Варе было 16 лет, и она с матерью была в Берлине проездом (auf Durchreise). Они познакомились у родственников Вальтера и сразу решили, что будут переписываться.

Молодые люди переписывались 3 года. Они писали друг другу о своей жизни, о своих мыслях и чувствах. Постепенно симпатия переросла в любовь. Они договорились о новой встрече. Но …

В 1914 г. началась первая мировая война. Германия воевала против России, и молодые люди больше не могли переписываться.

В 1916 г. Варя, которая жила в Москве, неожиданно получила письмо от Вальтера. Он писал, что окончил университет, был на фронте, а сейчас в русском плену (in Gefangenschaft). И опять началась переписка.

В 1920 г. Вальтеру разрешили вернуться в Германию. Он поехал в Германию через Москву, где он наконец встретился с Варей. Между их первой и второй встречей было 9 лет! В Москве молодые люди поженились, и Варя уехала с мужем в Германию.

В Германии Вальтер стал преподавателем университета. А Варя занималась семьёй, воспитывала двух дочерей. Они жили счастливо.

Вальтер стал известным учёным. В 1954 г. Вальтер Боте получил Нобелевскую премию.

* Abkürzung von Варвара

- Der Schüler liest einen Text und fertigt selbständig eine deutsch- oder russischsprachige Gliederung zur Wiedergabe des wesentlichen Inhalts in deutscher oder russischer Sprache an.
- Der Schüler liest einen Text und erhält eine komplexe Aufgabenstellung, wie z. B.:
  — Прочитайте текст и передайте/перескажите его содержание.
  — Прочитайте текст и расскажите, что вы узнали о … .
- Der Schüler liest einen Text und erhält die Aufgabe, den Text aus der Perspektive einer der handelnden Personen wiederzugeben.
- Der Schüler liest einen Text und erhält die Aufgabe, dessen Handlung fortzuführen oder zu beenden.
- Der Schüler liest einen Text und erhält die Aufgabe, den Inhalt des Textes in Form einer kurzen Zeitungsnotiz wiederzugeben oder als Ankündigung in einer Fernsehprogrammzeitschrift aufzubereiten.
- Der Schüler liest einen Text und erhält die Aufgabe, ein Resümee abzufassen. Resümieren beinhaltet die Fertigkeit, einen Text in gedrängter Form zusammenzufassen und dabei Wesentliches von Unwesentlichem zu trennen. Das Resümee soll im Präsens abgefaßt sein und nach einem einleitenden Satz der gedanklichen Struktur des Textes folgen. Die Darstellung soll in einem sachlich-neutralen Stil gehalten sein und Zitatencollagen, direkte und indirekte Rede vermeiden. Auf Werturteile und Stellungnahmen sowie die Übernahme des persönlichen Stils des Autors ist zu verzichten.

Bei handlungsorientierten Texten können die folgenden Fragen Grundlage für ein Resümee sein:
— Welche Personen handeln? (Wer?)
— Welche Handlungen unternehmen diese? (Was?)
— Unter welchen Umständen laufen die Handlungen ab? (Wann? Wie? Wo? Warum?)

«Не моё дело»
отрывок из повести Анато́лия Але́ксина «Про нашу семью»

Главный герой произведения – мальчик, который учится в шестом классе. Отец мальчика – врач-хирург. Родители мальчика окончили школу, где теперь учится их сын. Вместе с ними учился Сергей Пота́пов, который позже стал известным музыкантом.

… однажды бабушка сказала:
— А Серёжа-то стал лауреатом Всероссийского конкурса!
— Какой Серёжа? – спросил я.

— Сергéй Потáпов — виолончелист[1]. Его знают все культурные люди.

… И … бабушка объяснила мне, что мама любила его, когда училась в пятом классе.

… Перед … сном[2] я вдруг услышал, как мама сказала папе:
— Это смешно. … Ну несерьёзно, честное слово. Это же было в пятом классе!
— Началось в пятом … – тихо сказал папа.

… Значит, только началось в пятом классе? Интересно, а в каком кончилось? … Ведь папа учился с мамой в одном классе. И папа, значит, был свидетелем[3] их любви? … А если он и сейчас страдает[4]?

Надо было что-то предпринять[5]. Но что? … Может быть, это … не моё дело? Так, конечно, считает бабушка. Может быть…

… Однажды по почте пришли сразу две открытки из нашей школы. … Маму и папу приглашали в школу на традиционный … вечер выпускников[6].
Я сразу понял, что там будет … и Сергей Потапов. … Значит, он будет демонстрировать у всех на глазах своё искусство. … А папа продемонстрировать у всех на глазах своё искусство не сумеет. … Я спрятал[7] открытки.

… На следующий день после встречи выпускников … мама … вошла в комнату прямо в пальто.
— Нам с папой ничего не присылали из школы? – спросила она.
— … Вам прислали открытки. Я их по рассеянности сунул в портфель[8]. … Я просто забыл ….
— Неужели ты не понимаешь, какое удовольствие доставила бы мне встреча с друзьями …? Мне ты не пожелал доставить радость. Но подумал бы об отце![9] Неужели и он тебе безразличен[10]?
Что я мог ей ответить?

[1] der Cellist
[2] vor dem Schlafengehen
[3] der Zeuge
[4] leidet
[5] unternehmen
[6] zum Absolvententreffen
[7] habe versteckt
[8] aus Zerstreutheit in die Schultasche gesteckt
[9] Почему ты не подумал об …?
[10] gleichgültig

Резюме

Мы прочитали отрывок из повести «Про нашу семью». Автор повести – Анатолий Алексин. Автор пишет о том, как важны для детей хорошие отношения между родителями.

Главные герои повести – мальчик-ученик шестого класса и его родители. Мальчик очень любит своих родителей. Но однажды он узнаёт, что отец ревнует маму к музыканту Сергею Потапову. Мальчик не хочет, чтобы отец страдал. И он не показывает родителям приглашение на вечер выпускников школы, потому что мама встретится там с Сергеем Потаповым. Мальчик борется за хорошие отношения между родителями. Он считает, что это и его дело.

Zur Bewertung des Leseverstehens

Die Art der Bewertung von Leseleistungen steht in enger Beziehung zu Lesart und Kontrollform.

Auf das lesende Erfassen von Details abzielende Aufgaben, wie z. B. Zuordnen zu Bildern, multiple choice, Vervollständigen von Tabellen/Übersichten, Zuordnen bzw. Finden von Überschriften etc. können vermittels einer Punktbewertung erfaßt und beurteilt werden. Kriterien für die Vergabe von Punkten sind dabei:
– die inhaltliche Richtigkeit und
– die Vollständigkeit
der vom Schüler erfaßten Details.

Ein derartiger Bewertungsansatz stößt an seine Grenzen, sobald Aufgabenstellungen komplexer formuliert sind und der Schüler den wesentlichen Inhalt eines Lesetextes erfassen und in der Fremdsprache wiedergeben muß. Für diesen Fall empfiehlt sich ein Bewertungsansatz, der sowohl die Verstehensleistung als auch deren sprachliche Korrektheit bei der Wiedergabe in der Fremdsprache berücksichtigt. Dabei sollte der Bewertungsschwerpunkt auf der Rezeptionsleistung liegen, was sich niederschlägt
a) in der gesonderten Bewertung von Verstehensleistung und fremdsprachiger Wiedergabe,
b) in der stärkeren Gewichtung der Verstehensleistung im Gesamturteil.

Der folgende Bewertungsvorschlag greift die vorab beschriebenen Aspekte auf:

1. Bewertung der Verstehensleistung

5 Punkte: Der Schüler hat den wesentlichen Inhalt des Textes inhaltlich richtig und vollständig erfaßt und weist dies durch eine der Aufgabenstellung gemäße logische/chronologische Darstellung nach.

4 Punkte: Der Schüler hat den wesentlichen Inhalt des Textes inhaltlich richtig und im wesentlichen vollständig erfaßt und weist dies durch eine der Aufgabenstellung im großen und ganzen entsprechende logische/chronologische Darstellung nach.

3 Punkte: Der Schüler hat die Grundsubstanz des wesentlichen Inhalts erfaßt und gibt diese der Aufgabenstellung entsprechend im wesentlichen in logischer/chronologischer Form wieder.

2 Punkte: Der Schüler hat den wesentlichen Inhalt des Textes lückenhaft erfaßt und gibt das Verstandene in willkürlicher Anordnung wieder.

1 Punkt: Der Schüler hat einzelne inhaltlich wesentliche Elemente erfaßt und gibt diese isoliert voneinander wieder.

0 Punkte: Der Schüler hat inhaltlich wesentliche Elemente nicht erfaßt.

Gemäß der empfohlenen Wichtung der Verstehensleistung wird die vom Schüler erreichte Punktzahl mit dem Faktor 2 multipliziert, so daß eine maximale Punktzahl von 10 zu erreichen ist.

2. Bewertung der sprachlichen Korrektheit der Darstellung

Für die Bewertung der sprachlichen Korrektheit schriftlicher fremdsprachiger Darstellungen werden im wesentlichen zwei Zugänge praktiziert:
- die Ermittlung der sprachlichen Korrektheit mit Hilfe eines sogenannten Fehlerindex und dessen Umrechnung in eine Punktbewertung;
- die Vergabe von Punkten für die sprachliche Korrektheit auf der Basis einer Kriterienbewertung, bei der eine Leistungsbeschreibung erfolgt.

Beide Bewertungsverfahren werden im Unterricht und auch in zentralen Prüfungen verschiedener Bundesländer angewendet und in der Fachliteratur z. T. sehr heftig diskutiert. Die Kriterienbewertung folgt u. E. dem Ansatz der Positivbewertung. Sie räumt dem Lehrer einen größeren Bewertungsspielraum zugunsten des Schülers ein.

Ermittlung der sprachlichen Korrektheit mit Hilfe einer Kriterienbewertung (Empfehlung)

5 Punkte: zusammenhängende Darstellung; meist korrekte Verwendung von Wortschatz und Strukturen mit deutlichem Bemühen um klassenstufengerechte Ausdrucksweise

4 Punkte: zusammenhängende Darstellung; im wesentlichen korrekte Verwendung von Wortschatz und Strukturen entsprechend der Klassenstufe; keine Fehler, die die Verständlichkeit beeinträchtigen

3 Punkte: im wesentlichen zusammenhängende Darstellung; einige Verstöße gegen den Gebrauch von Wortschatz und Strukturen, die die Verständlichkeit jedoch nicht wesentlich beeinträchtigen

2 Punkte: nur ansatzweise zusammenhängende Darstellung; mehrere Verstöße gegen den Gebrauch von Wortschatz und Strukturen, die die Verständlichkeit beeinträchtigen

1 Punkt: nur ansatzweise zusammenhängende Darstellung; zahlreiche grobe Verstöße gegen den Gebrauch von Wortschatz und Strukturen, die die Verständlichkeit stark beeinträchtigen

0 Punkte: zusammenhangslose und insgesamt unverständliche Darstellung

Ermittlung der sprachlichen Korrektheit mit Hilfe eines Fehlerindex (Empfehlung)

Die sprachliche Korrektheit kann mit Hilfe eines Fehlerindex errechnet werden, d. h.

$$\text{Fehlerindex (FI)} = \frac{\text{Anzahl der Fehler} \times 100}{\text{Wortzahl}}$$

An dieser Stelle sei angemerkt, daß die Formel zur Errechnung des Fehlerindex nicht unproblematisch ist. Sie berücksichtigt nämlich nicht, daß das Verhältnis zwischen Anzahl der Wörter und Anzahl der Fehler nicht gleichmäßig ansteigt. Wenn ein Schüler sich hinsichtlich des Umfangs seiner fremdsprachigen Aussagen auf sicher beherrschte Bestände beschränkt, ist er im Vorteil gegenüber demjenigen, der kreativ arbeitet und die sprachliche Realisierung inhaltlichen Gesichtspunkten unterordnet.

Punkte	Fehlerindex
5	bis 1,0
4	1,1 – 2,0
3	2,1 – 3,0
2	3,1 – 4,0
1	4,1 – 5,0
0	über 5,0

3. Gesamturteil

Das Gesamturteil ergibt sich aus der Summe der für die Teilbereiche „Verstehensleistung" und „sprachliche Korrektheit" ermittelten Gesamtpunktzahl, die *maximal 15 Punkte* betragen kann. Diese kann entsprechend dem Schwierigkeitsgrad des Lesetextes in Notenwerte umgerechnet werden (vgl. dazu die Ausführungen unter 1.3., S. 7).

2.1.4. Kontrolle und Bewertung von Schreibleistungen

Das Schreiben „... ist ein überaus komplexer Vorgang, für den sowohl inhaltliche Kriterien (Stringenz, Schlüssigkeit der gedanklichen ... Entwicklung) als auch die Beachtung von formal-grammatischen Regeln und Regeln des Sprachgebrauchs (situations-, adressaten-, textformbedingt) und Anforderungen an die äußere Form (graphische Gliederung) bestimmend sind"[1]. Schreiben ist eine kommunikative Tätigkeit, die mit ähnlichen Absichten wie beim Sprechen ausgeübt wird, d. h.
– um Informationen zu vermitteln bzw. einzuholen,
– um Wissen, Meinungen, Eindrücke oder Gefühle mitzuteilen,
– um zwischenmenschliche Kontakte herzustellen und/oder aufrechtzuerhalten,
– um andere Personen zum sprachlichen und/oder nichtsprachlichen Handeln zu veranlassen.

Im Vergleich zu den anderen Sprachtätigkeiten ist beim Schreiben eine längere „Verweildauer" des Inhalts, der Sprache und der Form im Bewußtsein des Lernenden gegeben, woraus nicht nur höhere Einprägungseffekte resultieren, sondern auch günstige Möglichkeiten zur Nutzung von Hilfsmitteln (Nachschlagewerken, Wörterbüchern etc.).

Für das Schreiben als kommunikative Sprachtätigkeit bestehen vielfältige Anwendungssituationen mit entsprechenden Schreibaufgaben (z. B. Notizen machen, Briefe schreiben, ein Formular ausfüllen, Gratulation oder Dank formulieren, Einladungen abfassen, eine Beschwerde schreiben, ein Bewerbungsschreiben aufsetzen). Für jede Schreibaufgabe gilt, daß sie ohne die automatisierte Beherrschung graphischer Operationen wie die duktusgemäße Beherrschung der Buchstaben und Buchstabenverbindungen, ihrer Zuordnung zu den Lautkomplexen und deren Verknüpfung entsprechend der orthographischen Norm nicht erfolgreich gelöst werden kann.

Im Fremdsprachenunterricht ist das Schreiben nicht nur eine der vier zu entwickelnden Sprachtätigkeiten, sondern auch wichtiges Mittel zum Einprägen, Einüben und Kontrollieren von Wortschatz und grammatischen Strukturen. Das Schreiben als Mitt-

ler- und Kontrolltätigkeit soll hier jedoch nicht abgehandelt werden. Wir wollen an dieser Stelle Anregungen für die Kontrolle und Bewertung kommunikativer Schreibleistungen geben. Unter diesem Aspekt sehen wir drei Gruppen von Schreibaufgaben:
1. die Bewältigung von realen fremdsprachigen Schreibsituationen, wie z. B. das Schreiben eines Briefes oder einer Postkarte, das Formulieren von Glückwünschen, Grüßen, Einladungen, Dank und Ankündigungen, das Anfertigen einer schriftlichen Mitteilung, einer Notiz als „Merkhilfe" für sich selbst oder als Information für eine andere Person, die Formulierung einer schriftlichen Bestellung (z. B. Theaterkarten, Hotelzimmer o. ä.), das Ausfüllen eines Formulars,

2. die Bewältigung von realen schulischen Schreibsituationen, wie z. B. das Schreiben eines Aufsatzes, das Anfertigen einer Wandzeitung o. ä.,

3. die Bewältigung von Schreibaufgaben mit vordergründig fremdsprachendidaktischer Zielsetzung, d. h.:
– zur Festigung von Wortschatz und grammatischen Strukturen, zur Entwicklung von Fertigkeiten der Satzverknüpfung etc. (vgl. dazu die Anregungen in den Kapiteln 2.2.1. – 2.2.3.),
– als schriftliche Form der Darstellung und Ergebnisfixierung von Verstehensleistungen beim Hören oder Lesen (vgl. dazu die Anregungen in den Kapiteln 2.1.1. und 2.1.3.).

Die nachfolgenden Anregungen beziehen sich auf Schreibaufgaben der ersten beiden Gruppen und stellen das Schreiben als eigenständig zu kontrollierende Sprachtätigkeit mit einem eigenständigen Aufgabenapparat in den Mittelpunkt. Auch hier sollen einige Regeln als Orientierungshilfe für den Lehrer vorangestellt werden:
1. Formuliere der realen Kommunikationspraxis gemäße Kontrollaufgaben, die den Schüler zum Schreiben ermuntern.

2. Denke daran, kommunikative Schreibaufgaben nicht als Wortschatz- oder Grammatiktest zu mißbrauchen.

3. Beachte, daß man sich in der realen Kommunikationspraxis auf umfangreichere Schreibaufgaben im allgemeinen vorbereitet und Hilfsmittel verwendet. Dies solltest du auch dem Schüler zugestehen und ihn gezielt dazu befähigen.

4. Überlege, was du – bezogen auf die konkrete Schreibaufgabe – vom Schüler im Sinne einer inhaltlich-sprachlichen Norm erwartest, und sichere das Voraussetzungswissen und -können im Bereich der Sprachmittel und entsprechender Arbeitstechniken.

5. Formuliere ein konkretes Erwartungsbild.

Die im folgenden beschriebenen Kontrollformen und Bewertungsansätze können sowohl im Anfangsunterricht als auch auf der Fortgeschrittenenstufe und gleichermaßen im Realschulbereich sowie im Gymnasium Anwendung finden. Dabei gelten die im Kapitel 2.1.2. (S. 24) formulierten Aussagen zu Unterscheidungskriterien für das Anforderungsniveau im Anfangsunterricht und auf der Fortgeschrittenenstufe sowie im Realschulbereich und im Gymnasium.

Anregungen für die Kontrolle von Schreibleistungen

Aus der Sicht der Anforderungen der Lehrpläne und Rahmenrichtlinien und der vorab beschriebenen Gruppierung (die gymnasiale Oberstufe ist hier ausgenommen) sind folgende Schreibaufgaben möglich:
- das Schreiben von Briefen, auch in Form eines Antwort- oder Leser-/Hörerbriefes,
- das Schreiben einer Postkarte, z. B. in Form einer Karte aus dem Urlaub,
- das schriftliche Formulieren von Grüßen, Glückwünschen, Dank, Einladungen,
- das Anfertigen einer schriftlichen Mitteilung oder Notiz als „Merkhilfe" für sich selbst (z. B. Einkaufszettel, Inhaltsverzeichnis für Koffer, Packzettel beim Umzug) oder als Information für eine andere Person (z. B. Telefonnotiz, Wegbeschreibung),
- das Formulieren von schriftlichen Bestellungen (z. B. Theaterkarten, Hotelzimmer),
- das Ausfüllen von Formularen,
- das Schreiben eines Aufsatzes (z. B. Bericht, Beschreibung, Erörterung),
- das Schreiben einer Nacherzählung,
- das Abfassen einer schriftlichen Bildbeschreibung,
- die Anfertigung einer Wandzeitung oder eines Werbeprospektes,
- das Schreiben eines Begleittextes, z. B. zu einer Diaserie oder zu einem Videofilm.

Die vorliegende Broschüre bietet leider keinen Raum, jede der benannten Kontrollformen exemplarisch abzuhandeln. Auch die Frage möglicher Schreibinhalte, z. B. für Briefe und Aufsätze, kann nicht erschöpfend dargestellt werden. Uns verbleibt lediglich der Verweis darauf, daß neben den in Lehrplänen und Rahmenrichtlinien geforderten Themen vornehmlich Fragestellungen schriftlich bearbeitet werden sollten, die die Schüler tatsächlich auch interessieren und zum Schreiben anregen.

Vielfältige Beispiele für Briefe und andere schriftliche Mitteilungen sowie für mögliche Schreibinhalte finden sich jedoch in der einschlägigen Literatur.[1]

Die im Kapitel 2.1.2. (S. 25) formulierten Aussagen zur Lenkung mündlicher Textproduktion treffen gleichermaßen auf die schriftliche Textproduktion zu und sollen hier nur exemplarisch dargestellt werden:

1. Sprachlich und/oder inhaltlich gelenkte schriftliche Textproduktion

ANFANGSUNTERRICHT
- Напиши русскому другу (русской подруге) о своей семье.

Variante 1
- ... семья ...
- В ... семье ... человек(а). Это ...
- ... отцу ... лет (год, года). Он работает ...
- ... матери ... лет (год, года). Она ...
- ... брата (сестру) зовут ... Ему (Ей) ... лет (год, года). Он (Она) ...
- ... семья ... дружно.
- ... не живёт (живут) с нами.
- ... (не очень) часто бываем у ...

Variante 2
- Ваша семья большая или маленькая?
- Сколько человек в вашей семье? Кто это?
- Сколько лет твоему отцу? Кто он по профессии? Где он работает?
- Сколько лет твоей матери? Она работает? Где?
- Как зовут твоего (младшего, старшего) брата/твою (младшую, старшую) сестру? Сколько ему (ей) лет? Он(а) тоже учится в школе?
- Ваша семья живёт дружно?
- У тебя есть бабушка и дедушка? Где они живут? Вы часто бываете у них?

Variante 3
- Im Rahmen eines Schüleraustauschs wird ein Schüler/eine Schülerin aus der russischen Partnerschule in deiner Familie untergebracht.
Stelle ihm/ihr deine Familie vor und schreibe über:
  - die Größe eurer Familie,
  - die einzelnen Familienmitglieder (Name, Alter, Tätigkeit),
  - das Klima in eurer Familie,
  - den Kontakt zu Großeltern oder anderen Verwandten.

FORTGESCHRITTENENSTUFE
- Напишите о вашей любимой рок-группе по следующему плану:
  - название группы,
  - страна,
  - группа исполняет ...*,
  - она поёт о ...,
  - она поёт на ... языке (языках),
  - руководитель группы,
  - певец (певица),
  - популярность,
  - ваше мнение о группе.

* ... исполняет музыку в стиле рок-н-ролл, исполняет джаз-рок, поп-рок и т. д.

- Напишите о вашем отношении к школе (учёбе, своему классу). Остановитесь на следующих вопросах:
  - Нравится ли вам учёба (учиться)?
  - Какие предметы вы особенно любите?
  - Какие предметы вас не интересуют и почему?
  - Как ученики в вашем классе (в вашей школе) относятся к учителям?
  - Хотите ли вы в будущем стать учителем и работать в своей школе? Почему да или нет?
  - Каковы отношения между учениками в вашем классе (в вашей школе)?
  - Что вам нравится, а что совсем не нравится в вашем классе (в вашей школе)?

- In Vorbereitung auf einen Schüleraustausch will Ihre Klasse einen Werbeprospekt über Ihren Heimatort in russischer Sprache anfertigen. Sie sollen den Abschnitt zu Kultur- und Freizeitangeboten übernehmen.

Überlegen Sie sich einen werbewirksamen Text, der jugendliche Besucher anspricht und wichtige Informationen zu Orten, Art der Angebote, Öffnungszeiten, Eintrittspreisen enthält.

2. Weitestgehend ungelenkte (freie) schriftliche Textproduktion

Hier können sämtliche vorab genannten Schreibaufgaben eingesetzt werden.

Die schriftliche Textproduktion kann auch auf der Basis einer Bildvorlage erfolgen. Hierbei können die Ausführungen zum Sprechen (Kap. 2.1.2.) sinngemäß auf das Schreiben übertragen werden. Gleiches gilt für die Nacherzählung und das monologische Sprechen.

Zur Bewertung von Schreibleistungen

Hier soll ein – von uns geringfügig modifizierter – Bewertungsansatz vorgestellt werden, der davon ausgeht, daß die Schreibleistung in ihrer Komplexität in die Bewertung eingeht.[1] Die Bewertung erfolgt nach den in der Tabelle enthaltenen Kriterien – gekoppelt an eine Punktvergabe.

Kriterium	Höchstpunktzahl	gerundeter prozentualer Anteil an der Gesamtwertung
Inhalt (Verständnis der Aufgabenstellung, Vollständigkeit, Verständlichkeit)	4	23,4 %
Aufbau/Komposition	1	6,0 %
Ausdruck (Satzbau, Ausdrucksvermögen, Wortschatz entsprechend der Klassenstufe)	5	29,0 %
Sprachkorrektheit*	6	32,0 %
Form	1	6,0 %
Gesamtpunktzahl:	17	

* Die sprachliche Korrektheit soll über einen Fehlerindex (siehe 2.1.3., S. 45) ermittelt werden.

Punkte	Fehlerindex
6	bis 1,0
5	1,1 – 2,0
4	2,1 – 3,0
3	3,1 – 4,0
2	4,1 – 5,0
1	5,1 – 6,0
0	über 6,0

Bei stark sprachlich gelenktem Schreiben im Rahmen eines bekannten und im Unterricht vorbereiteten Themas wird empfohlen, die sprachliche Korrektheit stärker zu wichten und gegebenenfalls auch isoliert zu bewerten.

Zu beachten wäre in diesem Zusammenhang auch die kriterienbezogene Bewertung der sprachlichen Korrektheit (vgl. dazu 2.1.3., S. 45).

Unser Bewertungsansatz sieht – analog zum Sprechen – die Vergabe zusätzlicher Bonuspunkte vor für:
- einen originellen inhaltlichen Ansatz,
- eine auffallend gute kompositorische Struktur,
- Variabilität des sprachlichen Ausdrucks.

Die Umsetzung der Gesamtpunktzahl in eine notenbezogene Skala sollte entsprechend dem Schwierigkeitsgrad der Aufgabenstellung vorgenommen werden (vgl. dazu die Ausführungen im Kap. 1.3., S. 7).

2.2. Lernerfolgskontrollen im Bereich der sprachlichen Kenntnisse

Ein kommunikativ orientierter Fremdsprachenunterricht ist gleichsam kenntnis- und könnensintensiv. Lexikalische, grammatische, orthoepische etc. Kenntnisse sind unverzichtbare Komponenten jeglicher Kommunikation und von dieser nicht zu trennen. Letzteres ist – wie bereits im Einführungskapitel ausgeführt – unter den Bedingungen schulischen Fremdsprachenerwerbs nicht durchgängig realisierbar. Formal-linguistische Kompetenz muß bewußt und auch punktuell (isoliert) erworben und überprüft werden. Dabei zeigt die isolierte Kenntnisüberprüfung nicht an, wie gut jemand die Fremdsprache beherrscht, da verstärkt Gedächtnisleistungen vom Schüler abverlangt werden. Dies kann aber durchaus hilfreich dabei sein, Schwächen und Stärken des Schülers zu diagnostizieren. Die Ebene der eigenständigen Kontrolle und Bewertung sprachlicher Kenntnisse wird im folgenden beschrieben, wohl wissend, daß die kommunikative Verfügbarkeit von Kenntnissen beim Hören, Sprechen, Lesen und Schreiben das vorrangige Ziel eines modernen Fremdsprachenunterrichts sein muß. Deshalb sei an dieser Stelle auf den Punkt 2.3. verwiesen, in dem für die Mehrteiligkeit von Klassenarbeiten plädiert wird.

2.2.1. Kontrolle und Bewertung von Wortschatzkenntnissen

Vordergründiges Ziel jeglicher Wortschatzkontrolle ist es festzustellen, wie abrufbereit, sicher, exakt und vollständig lexikalische Kenntnisse des Schülers sind. Dabei sollte der Kontrollschwerpunkt auf das Erfassen und Anwenden von Bedeutung, Form und Funktion lexikalischer Einheiten gerichtet werden.

Die folgenden Kontrollbeispiele greifen diese Schwerpunktsetzung auf und wollen zugleich Anregungen für mehr Variantenreichtum bei der Wortschatzkontrolle geben.

Die Zuordnung zu Anfangsunterricht und Fortgeschrittenenstufe bezieht sich auf die Kontrollform. Das Sprachmaterial soll diese jeweils exemplifizieren und ist natürlich austauschbar.

ANFANGSUNTERRICHT
Bildgestützte Wortschatzkontrolle

Variante 1
Die Schüler erhalten eine Bildvorlage mit Wortschatzlegende. Sie vermerken die entsprechende Nummer der zutreffenden lexikalischen Einheit. Z. B.:

- Ist das eine Unordnung! Du kannst das Aufräumen vorbereiten, indem du die Nummern der Kleidungsstücke aus der Wortliste in die Zeichnung schreibst.

1 колготки   5 перчатки   9 блузка   13 купальный костюм
2 пальто   6 носки   10 платье   14 пижама
3 шапка   7 туфли   11 юбка   15 сандалии
4 шарф   8 брюки   12 пуловер

Variante 2
Das Bild enthält Ziffern, und der Schüler notiert die entsprechende lexikalische Einheit (Einzelwort oder Wortgruppe) in russischer Sprache.

Variante 3
Der Schüler erhält eine Bildvorlage und muß die dazugehörige Lexik kennzeichnen.
Z. B.: Verbinde die Aussagen mit dem dazugehörigen Bild einer Jahreszeit.

Какой красивый снег!
Какая жара!
Мы отмечаем пасху.
Мы собираем каштаны.
Ребята катаются на лыжах.
Начинается новый учебный год.
Да здравствуют каникулы!
День весёлых обманов (1 апреля).

ANFANGSUNTERRICHT UND FORTGESCHRITTENENSTUFE
„multiple choice"

Variante 1
Vorgabe von Einzelsätzen mit Lücke und Auswahlvarianten. Z. B.:
- 1. Ира … марки. 2. У неё интересная … марок.
  А – читает   А – альбом
  Б – собирает   Б – работа
  В – занимается   В – коллекция

Variante 2
Vorgabe von Definitionen zur Auswahl. Z. B.:
Anfangsunterricht:
- деревéнская школа   А: школа из дерева
                      Б: школа в деревне
                      В: специальная школа

Fortgeschrittenenstufe:
- врéменные трудности   А: трудности нашего времени
                        Б: трудности, которые будут всё время
                        В: трудности, которые будут недолго (не всё время)

Variante 3
Finden von Synonymen oder Antonymen. Z. B.:
- Finde heraus, welches Wort das unterstrichene sinngemäß ersetzen kann:
<u>сложный</u> вопрос
А: трудный   Б: простой   В: интересный

- Finde heraus, welcher Satz dem Ausgangssatz sinngemäß entspricht.
Я <u>в восторге</u> от нового фильма.
А: Фильм произвёл на меня огромное впечатление.
Б: Фильм не произвёл на меня никакого впечатления.
В: Неплохой фильм, но ничего особенного.

- Welches Wort drückt das Gegenteil aus?
быстрый –   поздно –   дешёвый –
А: маленький   А: рано   А: другой
Б: медленный   Б: тепло   Б: хороший
В: трудный   В: мало   В: дорогой

Lückentext
Variante 1
Die in einen vorgegebenen Text einzusetzenden lexikalischen Einheiten sind in ungeordneter Reihenfolge, aber in der jeweils richtigen grammatischen Form angegeben.

Variante 2
Die in einen vorgegebenen Text einzusetzenden lexikalischen Einheiten sind in ungeordneter Reihenfolge und in der Grundform angegeben.

Variante 3
Der Schüler muß die Lücken selbständig schließen.
Beispieltext für die Fortgeschrittenenstufe:
- Вставьте нужные слова.

Не знаю, как у вас, а у _____ уже есть _____ на каникулы. В июне я поеду в _____ . У моего дяди есть ферма недалеко от города Ярославля. На этой _____ есть коровы, большой _____ и _____ , где растут помидоры и _____ . Дядя Федя давно меня приглашает на _____ : летом в деревне много работы, и надо ему _____ . Я буду жить у дяди Феди почти три _____ : буду работать в _____ и в _____ , ездить на тракторе. В _____ время я _____ ходить на реку купаться и загорать. А если будет плохая погода, можно ловить _____ или ходить в лес, собирать _____ и _____ .

Wortfeldassoziationen
Variante 1
Der Schüler findet die Wörter heraus, die nicht in das Wortfeld passen. Z. B.:
— ананасы, апельсины, картофель, мандарины, салат
— ратуша, аптека, гардероб, парк, библиотека, самовар

Variante 2
Die Schüler finden selbst thematische Wortfelder, z. B. zu
- Поездка на поезде: поезд, билет, вокзал, станция, вагон, купе, спальное место, проводник (-ица), пассажир (ка)

Wortschatzkontrolle auf Satzbildungs- bzw. Textebene
Beachte, daß auf dieser Ebene die Anforderungen komplexer werden und damit nicht allein Wortschatzkenntnisse überprüft werden.

Variante 1
Der Schüler bildet mit vorgegebenen Wörtern einen Satz, z. B.
- школа, окончание, хотеть, повар, работать, я, после
(После окончания школы я хочу работать поваром.)

Variante 2
Der Schüler erhält als Vorgabe nur ein Einzelwort oder eine Wortgruppe (in der Grundform) und bildet damit einen sinnvollen Satz, z. B.
- праздновать весной

Variante 3
Der Schüler vervollständigt fehlende Repliken in einem Dialog, z. B
- Надя: Знаешь, Витя, я очень люблю читать. А ты?
  Витя: … . Я больше люблю ходить в кино.
  Надя: …?
  Витя: Особенно на детективы. Почти каждую субботу я хожу в кино.
  Надя: … . Я очень люблю танцевать.
  …

Variante 4
Der Schüler reagiert schriftlich auf fremdsprachig vorgegebene Impulse, z. B
- Спросите у собеседника,
  - когда он закончит школу,
  - какая профессия ему нравится,
  - где он хочет работать или учиться после окончания школы,
  - трудно ли ему туда поступить,
  - ...

- Что вы скажете в следующей ситуации?
В вашем городе русский турист спрашивает вас в автобусе, когда будет вокзал. Но этот автобус не идёт на вокзал. Объясните, что ему нужно сделать. Используйте: выйти/выходить, сесть/садиться.
(Вам надо выйти [из автобуса] на следующей остановке и сесть на автобус номер пять [на пятый автобус].)

Variante 5
Der Schüler überträgt muttersprachige Vorgaben zu Sachverhalten sinngemäß ins Russische (vgl. dazu die Ausführungen im Kap. 2.1.2., S. 31).

Zur Bewertung von Wortschatzkenntnissen

Die Bewertung von Wortschatzkenntnissen sollte von folgenden Kriterien ausgehen:
- bedeutungsmäßige und sprachliche (grammatische, orthographische, kombinatorische) Korrektheit,
- Verständlichkeit.

In Abhängigkeit vom Schwierigkeitsgrad der konkreten lexikalischen Einheit kann deren korrekte und verständliche Verwendung über eine Punktbewertung erfaßt werden.

2.2.2. Kontrolle und Bewertung von grammatischen Kenntnissen

Dem Wesen und der Funktion grammatischer Erscheinungen entsprechend erstreckt sich die Kontrolle grammatischer Kenntnisse auf komplexere sprachliche Strukturen sowie auf die Kenntnis systemhafter Zusammenhänge. Zwangsläufig werden dabei auch lexikalische Kenntnisse einbezogen, da nur in Verbindung mit ihnen grammatische Kenntnisse nachgewiesen werden können.[1]

Die Lehrpläne und Rahmenrichtlinien sehen für grammatische Erscheinungen deren produktive und/oder rezeptive Verfügbarkeit vor. Bei produktiver Beherrschung sollte der Kontrollschwerpunkt gerichtet sein auf das sichere Erfassen, die korrekte Bildung und Anwendung (auf Satzebene).

Dies wollen die nachfolgenden Beispiele für Kontrollformen illustrieren. Sie sind im Anfangsunterricht wie auf der Fortgeschrittenenstufe für die Kontrolle der Beherrschung unterschiedlicher grammatischer Erscheinungen einsetzbar.

Visuell gestützte Grammatikkontrolle

Variante 1 (gekoppelt mit multiple choice)
Der Schüler erhält eine Bildvorlage oder eine Tabelle und kreuzt an, welche der dazu vorgegebenen Aussagen zutrifft. Diese Form ist z. B. geeignet für die Kontrolle von Kenntnissen der Steigerung der Adjektive bzw. des Vergleichs. Dazu werden Gegenstände, Personen, Gebäude o. ä. vorgegeben.

Auch die Kenntnisse im Gebrauch der Präpositionen (под, над, на, у, ...) können visuell gestützt kontrolliert werden.

Variante 2
Der Schüler formuliert einen Satz zu einem Bild oder ergänzt die fehlende grammatische Erscheinung, z. B. Verben der Fortbewegung.
- Скажите, что они делают. Используйте «нести/носить», «везти/возить», «вести/водить».

Женщина идёт домой и _____ сумку с продуктами. У неё большая семья, и она часто _____ домой тяжёлые сумки с продуктами.

По улице идёт женщина и _____ собаку. Каждое утро она _____ собаку гулять.

Девушка едет на велосипеде в библиотеку и _____ свои книги.

Einsetzübung

Variante 1
- Ergänzung unvollständiger Konjugations- oder Deklinationstabellen, z. B.:

	говорить		
я		люблю	
ты			
он, она, оно	говорит		
мы		любим	
вы	говорите		
они			смотрят

Variante 2 (Satzebene)
Vorgabe von Einzelsätzen mit Auswahlvarianten, z. B.:
- Где, куда или откуда?

Нина живёт …
А: в Москве
Б: в Москву
В: из Москвы

Вадим пришёл домой …
А: на стадион
Б: на стадионе
В: со стадиона

- Сделать или делать?

Володя хочет … все уроки на понедельник в пятницу, потому что он не хочет … уроки в субботу.

- Нужен (нужна, -о, -ы) или нужно (mit Inf.)?

Мне … узнать, кто участвует в концерте.
Для этого мне … программа.
Мне … написать письмо бабушке.
Для этого мне … свободное время.

Variante 3 (Textebene)
- Die richtigen Lösungen sind ungeordnet vorgegeben, z. B.:

Gebrauch der reflexiven Verben
Vervollständige den Text und setze ein: находится, называется, занимаемся, занимаетесь, кататься, занимаюсь, интересуется, интересуетесь.

Меня зовут Нина. Я очень люблю спорт. Каждый день я … гимнастикой. Наш спортзал … в центре города. Мой друг Вася тоже … спортом. Он любит … на велосипеде. Вася – член спортивного клуба. Этот клуб … «Спартак». Иногда мы вместе с Васей … баскетболом. А каким видом спорта вы … или …?

- Der Schüler muß die Lücken selbständig füllen, z. B.:

Deklination der Personalpronomen im Singular
Хорошие друзья
У (я) … хорошие друзья. С Борисом я часто играю в футбол. Иногда я хожу к (он) … смотреть видеофильмы. Андрей всегда ходит со (я) … в парк. У (он) … есть собака. (Она) … зовут Бобик. С (она) … мы часто играем до вечера. А у (ты) … тоже есть хорошие друзья?

Substitutionsübung
- Ersetze die unterstrichenen Wörter durch die in Klammern angegebenen, z. B.:

Он поздравляет спортсмена (тренер, команда, ученица).
Он часто звонит бабушке (тётя, друг, подруга, родители).
Он благодарит тренера (Vater, Freund, Lehrerin).

Formationsübung

Variante 1
- Bilde sinnvolle Sätze:

Послезавтра		концерт
Летом	не будет	экскурсия в музей
В прошлом году зимой	не было	контрольная работа
В конце августа		дождь
На следующей неделе		снег

Variante 2[1]
- Olegs Mutter ist verreist. Sie hat ihm einen Zettel hinterlassen, auf dem steht,

was er tun muß + ,

was er nicht zu tun braucht − ,

was er nicht tun darf ! .

Formuliere vollständige Sätze.
1. убирать квартиру каждый день — −
2. по вечерам ходить на дискотеку — !
3. каждый день мыть посуду — +
4. кормить собаку — +
5. весь вечер смотреть телевизор — !
6. слишком часто звонить бабушке — −
7. ложиться спать поздно — !
8. регулярно покупать хлеб и молоко — +

Transformationsübung, z. B.:
- Umformen vorgegebener Präsenssätze ins Präteritum oder Verneinung bejahender Aussagen.

Zur Bewertung grammatischer Kenntnisse

Die Bewertung von grammatischen Kenntnissen sollte davon ausgehen, ob die jeweilige grammatische Erscheinung vollständig und korrekt erkannt, gebildet bzw. angewendet worden ist.

In Abhängigkeit vom Schwierigkeitsgrad des konkreten grammatischen Phänomens und vom Komplexitätsgrad der jeweiligen Aufgabenstellung kann die Leistung des Schülers über eine Punktbewertung erfaßt werden.

2.2.3. Kontrolle und Bewertung von orthographischen Kenntnissen

Orthographie gehört zur geschriebenen Sprache genauso wie Orthoepie zur gesprochenen. Die Arbeit an den orthographischen Kenntnissen zielt im Russischunterricht einerseits auf Buchstabensicherheit, d. h. auf den sicheren Umgang mit bislang dem Schüler unbekannten kyrillischen Schriftzeichen, und andererseits auf die korrekte Schreibung des produktiv anzueignenden Wortschatzes.

Der Grundstein für die sichere Beherrschung des kyrillischen Alphabets und die korrekte Schreibung wird zweifellos im *Anfangsunterricht* gelegt. Auf dieser Stufe sollten daher orthographische Kenntnisse auch akzentuiert kontrolliert und bewertet werden. Auf der Fortgeschrittenenstufe ordnen sich Kontrolle und Bewertung orthographischer Kenntnisse in die Überprüfung des Wortschatzes ein (vgl. 2.2.1.).

Anregungen zur Kontrolle der Buchstabensicherheit

ANFANGSUNTERRICHT
- Der Schüler ergänzt Einzelbuchstaben oder Buchstabenverbindungen in vorgegebenen Einzelwörtern, z. B.:

_ото, кроко_ил, _олга, прог___ма.
- Der Schüler schreibt in Druckschrift vorgegebene Einzelwörter bzw. Sätze ab und setzt dabei die Schreibschrift ein.
- Der Schüler ordnet in Druckschrift vorgegebene Einzelwörter nach dem Alphabet und schreibt diese in Schreibschrift auf, z. B.:

телефон, кино, автобус, касса, кафе, буфет, ресторан, туалет.

Anregungen zur Kontrolle orthographischer Kenntnisse
- Wortverschlüsselung

Variante 1[1]
Der Schüler erhält Buchstaben eines Wortes in alphabetischer oder ungeordneter Reihenfolge und muß das entsprechende Wort in der richtigen Form aufschreiben, z. B.:
акруч → ручка, икно → кино, агикн → книга, факе → кафе, ток → кот

Variante 2[2]
Der Schüler erhält als Vorgabe Buchstabengruppen, aus denen Wörter eines Themenbereiches gebildet werden müssen, z. B.:
- Finde heraus, aus welchen Getränken dieser Cocktail gemixt wurde.

1. _____
2. _____
3. _____
4. _____
5. _____
6. _____

- Finde heraus, welche Obstsorten sich in dem Korb befinden.

- Lückendiktat
Der Schüler erhält einen Text und ergänzt nach Diktat die fehlenden Einzelwörter oder Wortgruppen.

- Niederschrift nach Diktat, z. B.:

Вадим живёт в России. Он живёт в Омске вместе с мамой, папой и братом. У Вадима нет сестры. Но есть собака – Бимка. С Бимкой интересно. Бимка хорошо играет в футбол.
Друга Вадима зовут Борис. Они дружат уже два года. После школы друзья часто ходят на стадион. Там они играют в волейбол. Вадим очень любит эту игру. Он знает о волейболе всё и хочет стать чемпионом мира.

Zur Bewertung orthographischer Kenntnisse

Für die vorab beschriebenen Kontrollformen, in denen orthographische Kenntnisse akzentuiert überprüft werden, sollte die üblicherweise angewendete Gewichtung orthographischer Fehler aufgegeben und sollten Orthographiefehler als ganze Fehler gewertet werden.
 Bei der Festlegung der Notenwerte kann auch hier die von KIEWEG empfohlene Differenzierung (vgl. 1.3., S. 7) hilfreich sein. Dabei wird beispielsweise der Schwierigkeitsgrad eines Diktats bestimmt durch den Bekanntheitsgrad und Verwendungszusammenhang des überprüften Wortschatzes. So ist ein Diktat leicht, wenn es die im Unterricht geübte Lexik in einem dem Schüler bekannten thematischen Zusammenhang beinhaltet. Zweifellos bestimmt auch der Umfang den Schwierigkeitsgrad eines Diktats. Letzterer sollte im Anfangsunterricht 120 Wörter nicht überschreiten.[1]

2.2.4. Kontrolle und Bewertung von orthoepischen Kenntnissen

Zweifellos ist die Arbeit an orthoepischen Kenntnissen einzuordnen in die Könnensentwicklung im Hören und Sprechen.
 Im Anfangsunterricht kommt der Ausspracheschulung eine herausgehobene, weil grundlegende Funktion zu, was die akzentuierte Kontrolle und Bewertung orthoepischer Kenntnisse rechtfertigt. Der Schwerpunkt sollte dabei gelegt werden auf die für Deutsche typischen Ausspracheschwierigkeiten:
- die Reduktion der Vokale [a] und [o],
- die Aussprache stimmhafter und stimmloser Konsonanten,

- die Aussprache palatalisierter und nichtpalatalisierter Konsonanten,
- die Aussprache von [ы],
- die Aussprache der Zischlaute,
- die Aussprache des Zungenspitzen-[p].

Die folgenden Anregungen sollen die vorab benannten Aspekte für den Anfangsunterricht Russisch illustrieren:
- Слушай и повторяй.
Der Schüler hört Einzelwörter bzw. Wortpaare vom Tonband oder Lehrer und spricht diese nach, z. B.:

брат – брать   город, парк, хорошо, привет,
вагон – огонь   турист, репортёр
нос – нёс

- Dem Schüler werden Paare von Wörtern vorgesprochen. Sie erkennen gleiche bzw. unterschiedliche Phoneme und notieren für gleiche Phoneme ein „+", für ungleiche ein „–", z. B.:
«з» или «с»
зовут – озеро   Лиза – Саша   спасибо – стадион   музей – восемь

- Der Schüler hört Einzelwörter, die er notiert und dem entsprechenden Phonem tabellarisch zuordnet, z. B.:

[л] | [л']   [ы] | [и]
Волга, лилия, Байкал,   книга, сын, мы, минус,
соль, она любит, стул,   быть, Рига, он говорит, вы
слово, плохо, Ольга

- Der Schüler erhält Einzelwörter in schriftlicher Form und markiert in diesen bestimmte Phoneme, z. B.:
Unterstreiche in jedem Wort mindestens einen weichen Konsonanten:
театр, Фёдор, телефон, здесь, в школе, пять, Игорь, мяч.

Unterstreiche die Wörter, in denen das [е] wie [и^е] ausgesprochen wird:
нет, библиотека, привет, тебя, театр, река, центр, спортсмен.

- Der Schüler liest einen kurzen Text mit Wörtern, die die Anwendung von Ausspracheregeln erfordern, z. B.:
Василий Николаевич – учитель немецкого языка. Он живёт в Москве и работает в школе № 15. Сегодня в школе гости: школьники из Берлина. Они рассказывают о Германии и отвечают на вопросы. Вечером русские и немецкие ребята идут в театр.

Zur Bewertung orthoepischer Kenntnisse

Da die vorab beschriebenen Kontrollformen auf die Überprüfung von Einzelkenntnissen orientieren, kann die Leistung des Schülers gut über eine Punktbewertung erfaßt werden.

2.3. Empfehlungen zur Planung von Klassenarbeiten

(Schriftliche) Klassenarbeiten haben analytische und diagnostische Funktion. Sie sollen einerseits Auskunft geben über den erreichten Kenntnis- und Könnensstand des Schülers, welcher ihm auch testiert wird, und andererseits Schlußfolgerungen für den weiteren Lehr- und Lernprozeß zulassen. Durch Vorschriften der Kultusbehörden werden Klassenarbeiten im Vergleich zu anderen Formen der Leistungsüberprüfung im allgemeinen mit einer hohen Gewichtung versehen. Schüler empfinden Klassenarbeiten meist als Testsituationen, denen sie sich mit hoher innerer Anspannung aussetzen. Angesichts des Stellenwertes von Klassenarbeiten und ihrer Wirkung auf Schüler sollten bei ihrer Planung Überlegungen zu Struktur, Inhalt und Umfang angestellt werden, die diesem Kontrollinstrument auch eine motivierende Funktion einräumen.

Klassenarbeiten sollten in besonderem Maße einen inhaltlichen Bezug zum Lehrplan und zu thematischen Schwerpunkten des Unterrichts herstellen. Sie müssen das Anforderungsniveau des Unterrichts widerspiegeln und für den Schüler leistbar sein. Letzteres schließt die Planung einer angemessenen (effektiven) Arbeitszeit ein. Klassenarbeiten sollten zwei Strukturvarianten folgen:

a) einteilig, d. h. es wird ausschließlich Können in einer Sprachtätigkeit (Hören, Lesen, Schreiben) überprüft,

b) mehrteilig. d. h. es wird eine Kenntnis- und Könnensüberprüfung vorgesehen.

Die folgenden Fragen wollen Planungsüberlegungen anregen und auf bedenkenswerte Momente orientieren:
- Ordnen sich Ziel und Zeitpunkt der Arbeit logisch in den Unterrichtsprozeß ein?
- Sind mit der Klassenarbeit wirklich wesentliche Inhalte (im Sinne von Kenntnissen, Sprachtätigkeiten, Themen) erfaßt?
- Was soll mit der Klassenarbeit erreicht werden? Wie sieht der konkrete Erwartungshorizont aus?
- Ist die Vorbereitung angemessen erfolgt?
- Wurde das Prinzip der Mehrteiligkeit der Aufgaben berücksichtigt?
- Ermöglicht die äußere Form/Anlage der Arbeit eine optimale Bearbeitung durch den Schüler?
- Sind die einzelnen Aufgaben inhaltlich logisch und schwierigkeitsgestuft aufeinander abgestimmt?
- Entspricht der Bewertungsmaßstab der Spezifik der einzelnen (Teil-)Aufgaben und wird er durch eine Gewichtung auch deren Schwierigkeitsgrad gerecht?
- Ist der Bewertungsmaßstab auch für einen Außenstehenden nachvollziehbar?

Die nachfolgenden Beispiele für mehrteilige Klassenarbeiten wollen die vorab benannten Aspekte illustrieren.

ANFANGSUNTERRICHT

- Höre und schreibe jeweils den Groß- und den Kleinbuchstaben in Schreibschrift auf: (der Lehrer nennt 10 Buchstaben, für Groß- und Kleinbuchstaben werden jeweils 0,5 P. vergeben)

- Ergänze die fehlenden Buchstaben:
  орошо, неме, н_ё, Герман_ _, по-ру_ _ _и   *pro Buchstabe: 0,5 P.*
- Ordne die folgenden Wörter nach dem Alphabet:
  немка, очень, меня, ученик, школа   *pro Wort 1 P.*
- Ergänze die fehlenden Personalformen bzw. die fehlenden Verbformen.
  Numeriere dann entsprechend der Reihenfolge im Konjugationsparadigma.

____	говорим
ты	_____
____	говорит
я	_____
вы	_____
____	говорят

pro Personalpronomen 0,5 P.,
pro Verbform 1 P.,
für richtige Reihenfolge 1 P.

- Erzähle von dir (Name, Alter, Nationalität, Herkunftsland, Fremdsprachenkenntnisse).   *10 P.*

FORTGESCHRITTENENSTUFE

- Ergänze die fehlenden Formen.

Какой?	Как?
хороший	– хорошо
плохой	–
	– красиво
весёлый	–
интересный	–
	– серьёзно
	– отлично
старательный	–
	– прямо
прекрасный	–

pro Form 1 P.

- Ergänze und wähle aus Übung 1 die passenden Adjektive oder Adverbien aus.

Антон учится _____. Борис слишком увлекается рок-музыкой. У него не особенно _____ отметки. Лида очень много работает. Она _____ ученица. Вадим часто рассказывает анекдоты. С ним всегда _____. Вова не любит болтать, он очень _____ человек. Вчера Катя сказала мне _____ в глаза, что ей не нравится, как я танцую.

pro Form 2 P.

- Расскажи о твоём друге или о твоей подруге (минимум: 10 предложений) Где он/она живёт? Чем занимается? Какой он/она человек?
  20 P.

3. Lernerfolgskontrollen im Russischunterricht der gymnasialen Oberstufe

Das Bemühen um bundeseinheitliche Grundlagen für Kontrolle und Bewertung im Abitur findet seinen Ausdruck in den von der Kultusministerkonferenz (KMK) für alle Fächer der gymnasialen Oberstufe herausgegebenen „Einheitlichen Prüfungsanforderungen in der Abiturprüfung" (EPA).

Die EPA beschreiben einen groben, aber obligatorischen Rahmen für die Abiturprüfung, der die Präzisierung und Ausfüllung durch Bestimmungen der Länder zuläßt. Ungeachtet ihres mehr prinzipiellen Charakters, ihres Gültigkeitsbereiches und z. T. unscharfer Formulierungen müssen die EPA wohl als generelle Orientierung für Kontrolle und Bewertung in der gymnasialen Oberstufe betrachtet werden.

Für die Fächer Englisch, Französisch, Italienisch, Russisch und Spanisch ist ein einheitliches Kapitel „Allgemeine Aussagen über Abiturprüfungsanforderungen in den modernen Fremdsprachen" dem fachspezifischen Teil vorangestellt. Darin sind die folgenden Bewertungsgrundsätze beschrieben:

Die Bewertung „erfolgt für das Grund- und für das Leistungsfach nach den gleichen Kriterien. Abstufungen sind nach den unter 'Anforderungen' angeführten Merkmalen vorzunehmen. Bewertet werden Sprache und Inhalt; dem Bereich Sprache kommt größere Bedeutung zu. Im Bereich Sprache werden die Sprachrichtigkeit und das Ausdrucksvermögen (mit den Elementen Komposition und Stil) bewertet. Im Bereich Inhalt werden Text- und Problemverständnis sowie die Fähigkeit zur Argumentation und zur Urteilsbildung bewertet..."[1].

Im fachspezifischen Teil werden die eingangs formulierten Grundsätze durch Kriterien für die Bewertung der sprachlichen und inhaltlichen Leistung ergänzt und Aussagen zur Ermittlung von Gesamtnoten gemacht.[2] Darüber hinaus wird in den EPA das Anforderungsniveau in der schriftlichen und mündlichen Abiturprüfung beschrieben.

Mit der unmißverständlichen *Orientierung auf die komplexe sprachliche Leistung*, in der auch individuelle und freie Reaktionen vom Schüler erwartet werden, werden die Grenzen jeglichen Bemühens um Vereinheitlichung in der Bewertung sichtbar.

In diesem Zusammenhang stimmen wir BLIESENER zu, daß in die Gesamtnote für die Schülerleistung Ungleichartiges eingeht:

So werden mit Inhalt und Ausdrucksvermögen *qualitative* Aspekte der Sprachausübung bewertet (Qualität der inhaltlichen Darstellung, der Gedankenführung, der Handhabung der Sprache). Die Bewertung der sprachlichen Korrektheit dagegen ist wesentlich das Ergebnis einer Negativkorrektur, die *quantitative* Momente, d. h. das rechnerische Verhältnis von Fehlerzahl zu Wortzahl, in den Mittelpunkt der Betrachtung rückt.[3]

Insbesondere im Fremdsprachenunterricht der gymnasialen Oberstufe sind ein behutsames Abwägen der Bewertungsaspekte Sprache und Inhalt und eine begründete, den vorangegangenen Unterricht berücksichtigende subjektive Einschätzung eher geeignet, komplexen mündlichen oder schriftlichen Schülerarbeiten und ihrem tatsächlichen Wert gerecht zu werden, als jede noch so ausgeklügelte „Notenmathematik". Dies möge der Leser auch bei den nachfolgenden Ausführungen und Empfehlungen stets bedenken.

Im Unterricht der gymnasialen Oberstufe nehmen Klausur- oder Kursarbeiten angesichts ihrer Gewichtung im Vergleich zu anderen Leistungsnachweisen einen besonderen Stellenwert ein. Aus diesem Grund soll auch hier deren Gestaltung und Bewertung für das Grund- und Leistungsfach Russisch in den Mittelpunkt gestellt werden. Es sei aber nachdrücklich darauf verwiesen, daß daneben im Russischunterricht der gymnasialen Oberstufe andere Formen von Lernerfolgskontrollen (vgl. dazu die Ausführungen in den vorangegangenen Kapiteln) eine begründete Berechtigung haben.

3.1. Zur Gestaltung und Bewertung von Klausurarbeiten im Grund- und Leistungsfach Russisch

Klausurarbeiten sind gleichermaßen im Grund- und Leistungsfach zu schreiben. Ihren zeitlichen Umfang regeln Verordnungen der Bundesländer. Es fällt auf, daß die zur Verfügung stehende Unterrichtszeit außerordentlich unterschiedlich ist und von 2 – 6 Stunden reicht.

Klausurarbeiten sollen in besonderem Maße die Anforderungen des schriftlichen Abiturs widerspiegeln. So gesehen sind deren Gestaltung und Bewertung stets im Kontext von EPA und Abiturregelungen des jeweiligen Bundeslandes zu betrachten. Die Landesregelungen müssen in den folgenden Ausführungen unberücksichtigt bleiben.

Generell sollte eine *authentische Textvorlage* Bestandteil jeder Klausur in Grund- oder Leistungsfach sein. Dabei kann es sich um einen literarischen oder Sachtext handeln, der in jedem Fall einen ursächlichen *Bezug zum vorausgegangenen Unterricht* haben sollte.

Der Umfang der Textvorlage wird maßgeblich vom Schwierigkeitsgrad des Textes und von der zur Verfügung stehenden Arbeitszeit bestimmt. Für eine zweistündige Klausur wird ein Umfang von 180 – 240 Wörtern für das Grundfach und von 250 – 350 Wörtern für das Leistungsfach empfohlen.

Zum Text sind Aufgaben zu formulieren
- zur Überprüfung des Global- und Detailverständnisses,
- zur Beschreibung und Analyse von Zusammenhängen, Personen, Handlungen etc. im Text,
- zur Beschreibung und Analyse (vornehmlich Leistungsfach) signifikanter sprachlicher Mittel bzw. der Textstruktur,
- zur persönlichen Stellungnahme,
- zu textübergreifenden Aspekten (vor allem Leistungsfach).

Die Anzahl der textbezogenen Aufgabenstellungen ist im wesentlichen abhängig vom Schwierigkeitsgrad des Textes, von der Komplexität der Aufgabenformulierung, von der Struktur der Klausur und von der zur Verfügung stehenden Arbeitszeit.

Klausurarbeiten können ein- oder mehrteilig angelegt sein. Die einteilige Struktur umfaßt das ausschließlich textbezogene Arbeiten, während mehrteilige Klausuren neben textbezogenen Aufgaben einen Aufsatz, eine Übersetzung (vgl. 3.3.) und ggf. Aufgaben zu Wortschatz und/oder Grammatik enthalten können.

Wir plädieren für eine zweiteilige Klausurstruktur, bestehend aus textbezogenen Aufgabenstellungen und Aufsatz.

In Abhängigkeit von der zur Verfügung stehenden Arbeitszeit empfehlen wir, für den Aufsatz (in einer zweiteiligen Klausur) eine zu erwartende Mindestwortzahl von 100 – 120 Wörtern im Grundfach und von 120 – 150 Wörtern im Leistungsfach anzugeben (bei einer Arbeitszeit von 2 Unterrichtsstunden).

Eine Unterscheidung zwischen den Klausuranfoderungen in Grund- und Leistungsfach ist an die folgenden Kriterien gebunden:
- sprachlicher und inhaltlicher Schwierigkeitsgrad der Textvorlage und Aufgabenstellungen,
- Umfang der Textvorlage,
- Grad der Lenkung der Textarbeit,
- Grad der thematischen Breite und Tiefe der vom Schüler erwarteten Ausführungen,
- Grad der Tiefe der Sprachbetrachtung.[1]

Die nachfolgende *Empfehlung für eine Klausurarbeit* will die vorab beschriebenen Aspekte demonstrieren. In jedem Fall ist die Arbeit an authentischen Texten in die inhaltliche Schwerpunktsetzung einer Unterrichtseinheit einzubeziehen und somit gezielt auszuwählen. Das konkrete Beispiel wäre in den Themenbereich „Lebensverhältnisse" bzw. „Lebensansprüche" einzuordnen. Wir gehen also davon aus, daß die benannten thematischen Schwerpunkte im vorangegangenen Unterricht behandelt worden sind.

Grundsätzlich muß jegliche authentische Textvorlage eine „Vorentlastung" hinsichtlich ihres soziokulturellen, geschichtlichen etc. Hintergrundwissens erfahren, wenn dies für das Textverständnis notwendig ist. Für das nachfolgende Textbeispiel halten wir eine derartige „Vorentlastung" für notwendig. Sie muß sich vornehmlich beziehen auf die Erläuterung der Wohnverhältnisse in der ehemaligen Sowjetunion und der dort üblichen Praxis bei der Vergabe von Wohnraum. Nur in einem derartigen Kontext werden die Schüler die Aussage ab Zeile 11 verstehen: «..., но кто-то когда-то за меня решил, что мне это достаточно, и поэтому я не могу увеличить свою квартиру, даже за свои деньги».

Die „Vorentlastung" könnte in der folgenden Form geschehen:
Страноведческий комментарий к тексту «В тесноте – в обиде»
1. В Советском Союзе жители городов получали квартиры от государства (предприятия, города ...) бесплатно. Квартиры были не очень комфортабельными, но квартплата* была низкой и стабильной (она не менялась с 1928 года). Квартир не хватало, поэтому люди ждали их годами. Жилая площадь** квартиры зависела от существовавших тогда норм жилой площади на одного человека. Так обычная (не элитарная) семья из трёх человек могла получить только двухкомнатную квартиру, семья из двух человек – однокомнатную и т. д.
2. Сейчас в российских городах можно купить квартиру и даже целый дом. Люди, у которых есть деньги, выбирают квартиру по своему вкусу. Но люди, у которых не так много денег, как и раньше, годами ждут квартиру в государственных

или муниципальных домах***. В больших городах, где квартир особенно не хватает, и сейчас ещё есть так называемые «коммунальные» квартиры: две семьи и даже несколько семей в одной квартире.
3. Вот некоторые данные по Москве на 1996 год:
- Среднегородская норма жилой площади – приблизительно 19 квадратных метров общей жилой площади на одного человека.
- 68 % москвичей имеют жилую площадь ниже этой нормы.
- Город продаёт квартиры жителям по ценам ниже рыночных. При этом город оплачивает от 5 до 70 процентов стоимости квартиры – в зависимости от доходов семьи (сколько денег зарабатывают члены семьи) и продолжительности ожидания (сколько лет люди стоят в очереди на получение квартиры).

* квартпла́та – плата за квартиру, платить за квартиру
** жила́я (ср. жить) площадь – Wohnfläche
жилая площадь, жилой дом, но жили́щный (ср. жилище – квартира) вопрос, жилищная проблема, жилищные условия, жилищное строительство…
*** муниципа́льный дом – дом, который принадлежит городу

Bei der Textvorlage handelt es sich um einen authentischen Leserbrief aus Неделя, № 7. 1990, der gleichermaßen für die Behandlung im Grund-/Leistungsfach geeignet ist. In beiden Fällen wurde die Vorlage gekürzt. Um dem Leser eine Vorstellung vom Originaltext zu verschaffen, wurden die gekürzten Stellen kursiv geschrieben und durch Schrägstriche markiert.

В тесноте – в обиде
Наш мудрый народ на все случаи жизни придумал утешительные поговорки: бедность – не порок, *любовь зла – полюбишь и козла*, в тесноте – не в обиде[1] и тому подобное[2]. Пусть меня обвинят в непатриотизме и ещё в
5   чём угодно[3], но мне эти поговорки не нравятся.
Я *не хочу любить козлов*, не хочу возвеличивать бедность, не хочу ютиться в тесноте. И это неправда, что в тесноте – не в обиде. Не только в обиде, но и в ненависти!
Мы живём втроём в двухкомнатной крошечной[4] квартире. То есть для
10   нас она крошечная, потому что я не могу себе позволить поставить пианино, не могу купить стереоприёмник с колонками. Мне в ней тесно, но кто-то когда-то за меня решил, что мне это достаточно, и поэтому я не могу увеличить свою квартиру, даже за свои деньги. И вот мы втроём в двух комнатах, *да ещё и смежных*, без конца перекладываем с места на место какие-
15   то вещи, *что-то постоянно складываем в кучу*[5], *потом эту кучу разбираем, чтобы сложить её в другом месте*, (dieser Einschub entfällt nur für das Grundfach) без конца наталкиваемся друг на друга, обмениваемся взаимными упрёками[6]. Нет даже дальнего угла, чтобы побыть в одиночества, отдохнуть.
20   Не так давно я была в гостях у подруги, у которой большая квартира Я ходила из комнаты в комнату, как по дворцу, и чувствовала, как у меня

меняется походка, становится неторопливой и важной. А мой сынишка[7], /как завороженный/, ходил за мной и время от времени спрашивал: «Мам[8], всё это тёти Верино[9]?» В просторной квартире и чувствуешь себя совсем другим человеком. *(Ende Text Grundfach)*

Есть умирающие слова, должны быть умирающие поговорки. Убеждена, что пора уже приближаться к тому идеалу, который принят во всём мире. Поддерживаю идею, что нам нужен рынок жилья. Чтобы за свои собственные деньги, я могла обеспечить себе достойные условия для жизни.

Г. Калюжная

Объяснение слов

1) в тесноте – (да) не в обиде	Raum ist in der kleinsten Hütte. Hier: Klein, aber herzlich. (Sprichwort)
2) и тому подобное	и так далее
3) в чём угодно	sonst etwas
4) крошечный	очень маленький
5) складывать в кучу	auf einen Haufen stapeln
6) упрёк	обвинение, ср. винá, (кто) виноват
7) сынишка	маленький сын (разг.)
8) мам	обращение к матери (разг.)
9) Это тёти Верино?	Это принадлежит тёте Вере?

- Задания к тексту

Прочитайте следующие задания и ответьте своими словами, используя полные предложения.
1. Что рассказывает автор текста о своей квартире?
2. Почему ей не нравится её квартира?
3. Какое впечатление произвела на неё квартира подруги? (Grundfach)
4. Какое впечатление произвела на неё квартира подруги и почему? (Leistungsfach)
4. Как и почему Г. Калюжная изменяет поговорку «В тесноте – не в обиде»? (Grundfach)
5. Вы согласны со словами Г. Калюжной: «Есть умирающие слова, должны быть умирающие поговорки»? (строчка 26) и с её аргументацией? (Leistungsfach)

- Сочинение

Grundfach:
Напишите краткое сочинение (100 – 120 слов) на следующую тему:
Как вы представляете себе свою будущую квартиру?

Leistungsfach:
Напишите краткое сочинение (120 – 150 слов) на следующую тему:
Какое значение, на ваш взгляд, имеют жилищные условия в жизни человека?

Zur Bewertung von Klausurarbeiten

Angesichts ihrer Vorbereitungsfunktion auf die schriftliche Abiturprüfung sollten in Klausurarbeiten die im schriftlichen Abitur praktizierten Bewertungsmodalitäten – in modifizierter Form – angewendet werden. Diese sind in den einzelnen Bundesländern sehr unterschiedlich, obwohl einheitlich von den Bewertungskriterien Sprache (sprachliche Korrektheit und Ausdrucksvermögen) und Inhalt ausgegangen wird.

In Anbetracht länderspezifischer Festlegungen wird für die oben aufgeführte Beispielklausur auf konkrete Empfehlungen für die Vergabe möglicher Bewertungeinheiten und eine Bewertungstabelle verzichtet. Wir beschränken uns in diesem Zusammenhang auf mehr grundsätzliche Anregungen. So sollte die Arbeit am Text mit der größten Gewichtung (mit der größten Anzahl) an Bewertungseinheiten (BE) in die Gesamtbewertung eingehen. Bei den textbezogenen Aufgabenstellungen und beim Aufsatz werden die sprachliche und die inhaltliche Leistung gesondert bewertet, wobei wir empfehlen, Inhalt und Sprache im Verhältnis von 1 : 1 in die Bewertung eingehen zu lassen.

Die Vergabe von BE für die *inhaltliche Leistung* muß sich in jedem Fall orientieren an der erwarteten Schülerleistung (Erwartungshorizont), die auf der Grundlage des erteilten Unterrichts anzufertigen ist. Dabei sollte im Rahmen der *textbezogenen Aufgabenstellungen* besonders beachtet werden, inwieweit der Schüler
– relevante Textstellen aufgefunden und verstanden hat,
– aufgabengemäß und logisch geordnet Inhalte, Probleme etc. erkannt, beschrieben bzw. erläutert hat.

Mit der Festlegung von inhaltlichen BE für die einzelnen Aufgaben zum Text sollte auch deren Wertigkeit ausgedrückt werden. So würden wir in der Beispielklausur für die 4. Aufgabe 10 inhaltliche BE vergeben, für die 2. Aufgabe dagegen nur 4 BE.

Die Vergabe inhaltlicher BE für den *Aufsatz* muß berücksichtigen, inwieweit der Schüler
– zum in der Aufgabenstellung formulierten Thema tatsächlich Bezug nimmt,
– inhaltliche Aspekte sachbezogen und folgerichtig darstellt,
– eine persönliche Stellungnahme zum Ausdruck bringt.

Die EPA sehen für die Bewertung der *sprachlichen Leistung* die getrennte Beurteilung der sprachlichen Korrektheit und des Ausdrucksvermögens vor. Dies ist unbedingt zu begrüßen. Bei einem derartigen Vorgehen muß aber garantiert sein, daß der Schüler für Verstöße gegen die Sprachrichtigkeit nicht ein zweites Mal bei der Bewertung des Ausdrucksvermögens bestraft wird. Hohe Fehlerzahlen auf der Ebene der freien Textproduktion deuten nicht notwendig auf einen Ausfall im Bereich des Ausdrucksvermögens hin. Ein Schüler kann sich sehr wohl mitteilen und sich zu Sachverhalten nuanciert und trefflich äußern, obwohl seine Aussagen formal-sprachliche Fehler enthalten.[1]

Dies spricht dafür, das Ausdrucksvermögen mindestens mit gleicher Gewichtung wie die sprachliche Korrektheit in die Bewertung der sprachlichen Leistung des Schülers bei textbezogenen Aufgabenstellungen und beim Aufsatz einfließen zu lassen.

Bei der Bewertung des *Ausdrucksvermögens* sind folgende Kriterien zu berücksichtigen:
Wortschatz, im Sinne von
- Reichhaltigkeit/Umfang,
- Angemessenheit in bezug auf die Aufgabenstellung (Vokabular des Begründens, Verweisens etc.) und die Stufe des Fremdsprachenerwerbsprozesses (kein „Primitivstil"),
- Differenziertheit.

Syntax, im Sinne von
- Klarheit des Satzbaus,
- Komplexität,
- Variation.

Textgestaltung, im Sinne von
- Gliederung,
- Zusammenhang der Darstellung,
- sprachliche Verknüpfung von Aussagen,
- Ökonomie der Ausdrucksweise,
- Entlehnung aus der Textvorlage und Integration in den eigenen Text.

Bei der *sprachlichen Korrektheit* wird die Übereinstimmung der Schülerleistung mit der orthographischen, grammatischen und lexikalischen Norm der geschriebenen Sprache bewertet. In den Mittelpunkt der Bewertung rückt damit der sprachliche Fehler, der hinsichtlich des Grades seiner Beeinträchtigung der Verständlichkeit kategorisiert wird in schwerwiegende und weniger schwerwiegende Fehler, die im allgemeinen als ganze bzw. halbe Fehler in die Bewertung eingehen. Letzteres ist vor allem relevant für die Ermittlung der sprachlichen Korrektheit mit Hilfe eines Fehlerindex (FI):

$$FI = \frac{\text{Anzahl der Fehler}}{\text{Wortzahl}} \times 100$$

Die Anwendung des Fehlerindex trifft nicht auf ungeteilte Zustimmung. Seine Gegner werfen diesem Ansatz „Notenarithmetik" vor. Seine Befürworter betrachten dagegen quantifizierbare Momente als Form nachvollziehbarer Objektivität.

Die Grenzen des Fehlerindex sind offensichtlich: die Fehleridentifizierung und Fehlergewichtung kann individuell verschieden ausfallen. Dennoch scheint der Bezug der Fehleranzahl zur produzierten Wortzahl denjenigen zu ihrem Recht zu verhelfen, die bei der freien Textproduktion Fehler in längeren Texten nicht scheuen.[1] Letzteres greift im Interesse des Schülers aber nur bei der Festlegung angemessener Intervallgrößen.

Diese werden nicht einheitlich gehandhabt und zum Teil für Grund- und Leistungsfach unterschiedlich festgelegt. Dies erscheint nicht gerechtfertigt, sollen doch Grund- und Leistungsfach vornehmlich über das unterschiedliche Anforderungsniveau der Textvorlagen und Aufgabenstellungen differenziert werden und nicht zusätzlich durch einen unterschiedlichen Fehlerindex.

Wir empfehlen den folgenden Fehlerindex, dem entsprechende Bewertungseinheiten für die sprachliche Korrektheit zugeordnet werden müssen. In der Beispielklausur würden wir von 10 BE für die sprachliche Korrektheit ausgehen.

Fehlerindex	Bewertungs-einheiten
0 – 1,5	10
1,6 – 2,4	9
2,5 – 3,3	8
3,4 – 4,2	7
4,3 – 5,1	6
5,2 – 6,0	5
6,1 – 6,9	4
7,0 – 7,8	3
7,9 – 8,7	2
8,8 – 9,6	1
über 9,6	0

Der Bewertung der sprachlichen Korrektheit vermittels Fehlerindex steht die Kriterienbewertung gegenüber, bei der eine grobe Leistungsbeschreibung erfolgt. Dieser Ansatz räumt dem Lehrer zweifellos einen größeren Bewertungsspielraum zugunsten des Schülers ein. Diese subjektive Interpretationsbreite und das Fehlen quantifizierbarer Momente bilden wesentliche Angriffspunkte aus der Sicht der Gegner dieses Ansatzes.

Empfehlungen für eine Kriterienbewertung müssen aus den eingangs beschriebenen Gründen unbedingt die Vermischung der Ebenen Ausdrucksvermögen und Sprachrichtigkeit vermeiden und sind daher nur an den Kriterien „Grad der Korrektheit von Wortschatz und Strukturen" und „Grad der Verständlichkeit" festzumachen. Dies ließe die folgende Graduierung zu:

5 BE Fast durchgängig korrekte Verwendung von Wortschatz und Strukturen (keine schwerwiegenden Fehler); durchgängige Verständlichkeit der Ausführungen.

4 BE Einige Verstöße gegen die Verwendung von Wortschatz und Strukturen; keine Fehler, die die Verständlichkeit beeinträchtigen.

3 BE Mehrere Verstöße gegen die Verwendung von Wortschatz und Strukturen, die die Verständlichkeit jedoch nicht wesentlich beeinträchtigen.

2 BE Mehrere Verstöße gegen die Verwendung von Wortschatz und Strukturen, die die Verständlichkeit beeinträchtigen.

1 BE Zahlreiche grobe Verstöße gegen die Verwendung von Wortschatz und Strukturen, die die Verständlichkeit stark beeinträchtigen.

0 BE Zahlreiche grobe Verstöße gegen die Verwendung von Wortschatz und Strukturen, die den Text insgesamt unverständlich machen.

Sollen – wie beim Beispiel Fehlerindex – 10 BE für die sprachliche Korrektheit vergeben werden, so ist die über die Kriterienbewertung erreichte BE-Zahl mit dem Faktor 2 zu multiplizieren.

Zur Ermittlung des Gesamtergebnisses für die Klausurleistung

Die vom Schüler in den einzelnen Aufgabenteilen der Klausur erreichten BE werden addiert und ins Verhältnis gesetzt zur Gesamtzahl der möglichen BE. Für die Zuordnung von BE zu Notenpunkten bzw. Zensuren liefert das folgende, nur für die Ebene der freien Textproduktion gültige Prozentschema eine Orientierung:

Leistung in %	Notenpunkte	Note
100 – 95 %	15	1 +
94 – 90 %	14	1
89 – 85 %	13	1 –
84 – 80 %	12	2 +
79 – 75 %	11	2
74 – 70 %	10	2 –
69 – 67 %	9	3 +
66 – 63 %	8	3
62 – 60 %	7	3 –
59 – 57 %	6	4 +
56 – 54 %	5	4
53 – 50 %	4	4 –
49 – 45 %	3	5 ı
44 – 39 %	2	5
38 – 34 %	1	5 –
33 – 0 %	0	6

3.2. Kontrolle und Bewertung von Sprechleistungen im Grund- und Leistungsfach Russisch

Das im Russischunterricht der gymnasialen Oberstufe anzustrebende Niveau im Sprechen ist in den Lehrplänen und Rahmenrichtlinien beschrieben. Auch die EPA treffen diesbezügliche Aussagen. Insgesamt wird dabei der Schwerpunkt gelegt auf die Mitteilungs- und Interaktionsfähigkeit in Unterhaltungsgesprächen und Diskussionen und die Fähigkeit, den Inhalt gelesener/gehörter Texte zusammenfassend oder akzentuiert mündlich darzulegen sowie visuelle Vorlagen zu beschreiben und zu kommentieren.

Im Vergleich zum vorausgegangenen Unterricht steigen die Anforderungen sowohl qualitativ (anspruchsvollere Sprechthemen und Darstellungsverfahren) als auch quantitativ (Umfang der Sprechleistung). Diesem Anspruch müssen auch die Formen der Kontrolle gerecht werden und die freie mündliche Textproduktion in den Mittelpunkt der Überprüfung stellen. Dabei gelten die unter 3.1. (S. 66) benannten Unterscheidungskriterien für die Anforderungen in Grund- und Leistungsfach auch für das Sprechen.

Die im Kapitel 2.1.2. beschriebenen Kontrollformen können grundsätzlich auch in der gymnasialen Oberstufe angewendet werden. Wesentlich erscheint in diesem Zusammenhang, daß die Aufgabenstellung zur Meinungsäußerung anregt, eine inhaltliche Orientierung enthält und zudem Auskunft über das dominierende Darstellungsverfahren gibt, z. B. Mitteilen, Beschreiben, Argumentieren etc., z. B.:
• Выскажите своё мнение о роли телевидения в жизни молодого человека. Приведите примеры.

• Поговорите друг с другом и обсудите вопрос, что важнее: внешность или характер человека.

• Sprechen auf der Basis einer Bildvorlage, z. B.:
– Разыграйте диалог между супругами.

– Опишите рисунок и расскажите, какие мысли он у вас вызывает.

• Sprechen auf der Basis einer Textvorlage,
z. B. Ausschnitt aus einem Interview mit Boris Grebenščikov; erschienen in Argumenty i fakty, Juni 1994. (Im Vorfeld der Textbehandlung müßte Boris Grebenščikov als Leiter der sehr bekannten Rockgruppe «Aquarium» vorgestellt werden.)

– В интервью вы редко говорите о вашей семье.
– Без семьи я просто ничего бы не мог сделать. Моя жена Ирина является для меня учителем высшего калибра. Она сидит дома и охраняет тылы*, а я езжу повсюду, как пчёлка, собираю мёд или наоборот, его распространяю, но нахожусь постоянно в связи со своей половиной.
– А воспитанием детей удаётся заниматься?
– Последние три года я бываю дома в среднем одну неделю в месяц, поэтому очень редко их вижу. По-моему, единственное, что могут дать родители своим

детям, – это быть честными и открытыми. Когда у детей возникнут вопросы, я всегда готов дать ответы. Но ни в коем случае не собираюсь навязывать им свою точку зрения.

* охранять тылы (перен.) – заботиться о семье и заниматься домашним хозяйством

Mögliche Aufgabe für Grundfach:
— Расскажите, как руководитель рок-группы «АКВАРИУМ» относится к семье и воспитанию детей. Каково ваше мнение по этому вопросу?

Mögliche Aufgabe für Leistungsfach:
— Прокомментируйте интервью руководителя рок-группы «АКВАРИУМ» с точки зрения его отношения к семье и воспитанию детей.

Zur Bewertung von Sprechleistungen in der gymnasialen Oberstufe

Bezugnehmend auf das unter 2.1.2. (S. 33, 34) vorgestellte Bewertungsmodell schlagen wir für die gymnasiale Oberstufe den folgenden Bewertungsansatz vor und gehen dabei von der freien mündlichen Sprachausübung aus.

Bewertung von Monologen

Bewertungskriterien	Bewertungseinheiten
Themabezogenheit und Mitteilungswert	0 – 5 BE
Inhaltliche Reichhaltigkeit/Ausführlichkeit	0 – 5 BE
Logischer Aufbau und Flüssigkeit des Vortrags	0 – 5 BE
Sprachliche Korrektheit und Ausdrucksvermögen	0 – 5 BE

Bewertung von Dialogen

Bewertungskriterien	Bewertungseinheiten
Interaktionsfähigkeit	0 – 10 BE
Mitteilungswert	0 – 5 BE
Sprachliche Korrektheit und Ausdrucksvermögen	0 – 5 BE

Unter Berücksichtigung des für die Ebene der freien Sprachausübung anzulegenden Prozentschemas (vgl. 3.1., S. 72)) ergibt sich die folgende Zuordnungstabelle:

Bewertungs-einheiten	Notenpunkte	Note
20	15	1+
19	14	1
18	13	1−
17	12	2+
16	11	2
15	10	2−
14	9	3+
13	8	3
12	7	3−
11	6	4+
10	5	4
9	4	4−
8	3	5+
7	2	5
6	1	5−
unter 6	0	6

3.3. Zur Problematik der (Her-)Übersetzung

Es ist hier nicht der Ort, eine Polemik zur Berechtigung der (Her-)Übersetzung als Bestandteil von Prüfungen und Leistungskontrollen zu führen. Dies hat in überzeugender Weise VOGEL[1] getan und in diesem Zusammenhang berechtigte Zweifel angemeldet.

VOGEL begründet seine Skepsis einerseits mit der fehlenden Praxisrelevanz längerer wörtlicher Übersetzungen und andererseits mit deren vornehmlichem Wert für das muttersprachliche Ausdrucksvermögen.

In seiner Argumentation stellt er die Rolle des (gelegentlichen) Übersetzens zum Zwecke des Sprachvergleichs nicht zur Disposition – wohl aber die (Her-)Übersetzung als Lernziel eines modernen neusprachlichen Fremdsprachenunterrichts.

Da EPA und entsprechende Verordnungen der Bundesländer die (Her-)Übersetzung *authentischer Textvorlagen* als Bestandteil der schriftlichen Abiturprüfung (z. T. auch der Realschulprüfung) ausweisen, sollen auch hier Anregungen für Kontrolle und Bewertung gegeben werden.

Die Problematik der (Her-)Übersetzung erwächst aus den vom Schüler dabei zu bewältigenden Prozessen:
- das vollständige und richtige Erfassen und Verstehen des fremdsprachigen Textes,
- die „Umkodierung" des fremdsprachigen Textes in die Muttersprache und
- die Neuformulierung des Textes in der Muttersprache.

Folgerichtig hat die Bewertung von Übersetzungsleistungen vordergründig zu berücksichtigen, inwieweit es dem Schüler gelingt, den Textinhalt vollständig, inhaltlich richtig, sprachlich und stilistisch angemessen in der Muttersprache wiederzugeben.

In diesem Kontext sind die in den EPA[1] formulierten Bewertungskriterien anzuwenden:
- das Verstehen der Wörter und Wendungen im Zusammenhang,
- das Verstehen komplexer bzw. zum Deutschen kontrastiver Satzstrukturen,
- das Verstehen der Gesamtaussage des zu übersetzenden Textes,
- eine angemessene Wiedergabe des russischen Textes in deutscher Sprache.

Die für eine (Her-)Übersetzung gewählte Textvorlage sollte unbedingt einen thematischen Bezug haben zum vorangegangenen Unterricht bzw. als Bestandteil einer Klausurarbeit zum Inhalt des Lesetextes oder Aufsatzes.

In der gymnasialen Oberstufe muß die Textvorlage authentisch und in sich inhaltlich abgeschlossen sein (d. h. zusammenhängende Gedankenführung). Die Vorlage sollte komplexe bzw. zum Deutschen kontrastive Satzstrukturen enthalten. Ihr Umfang ist abhängig vom Schwierigkeitsgrad und der Arbeitszeit. Letzteres ist besonders in mehrteiligen Klausuren zu berücksichtigen. Soll der Schüler in einer zweistündigen Klausur neben textbezogenen Aufgaben und einem Aufsatz eine (Her-)Übersetzung anfertigen, kann letztere einen Umfang von 75 – 90 Wörtern wohl kaum überschreiten.

Es werden folgende Varianten für Kontrollformen vorgeschlagen:
- Der Schüler erhält eine russischsprachige Textvorlage und (in ungeordneter Reihenfolge) ins Deutsche übersetzte Abschnitte. Er muß dem jeweiligen Abschnitt in der Vorlage die dazugehörige Übersetzung zuordnen.
- Der Schüler erhält eine russischsprachige Textvorlage und ins Deutsche übersetzte Abschnitte, von denen einige Übersetzungsfehler enthalten. Er muß nun die fehlerfreien Übersetzungen herausfinden und diese der Vorlage zuordnen.
- Der Schüler erhält eine russischsprachige Textvorlage und die Aufgabe, diese ins Deutsche zu übersetzen.

Zur Bewertung der (Her-)Übersetzung

Unter Beachtung der o. g. Bewertungskriterien muß vom Lehrer zunächst eine maximal mögliche Anzahl von Bewertungseinheiten festgelegt werden, die den einzelnen Sinneinheiten des Textes bzw. schwierigen sprachlichen Strukturen zuzuordnen sind.

Für die folgenden Übersetzungsverstöße sollten dann BE abgezogen werden:
- Fehlinterpretation   2 BE
- Auslassung von Einzelworten   1 – 2 BE
- falsche Wortwahl   1 BE
- stilistische Verstöße   1 BE
- Verstöße gegen Formenlehre und Syntax   2 BE
- Auslassung von Textpassagen   1 – 3 BE bzw. Abzug der für die Passage vorgesehenen Gesamt-BE

Für besondere stilistische Gewandtheit und treffsichere Übersetzung wird die Vergabe von 1 – 2 Bonuspunkten empfohlen.

4. Abschließende Bemerkungen

Die vorliegende Arbeit wollte Anregungen für die Kontrolle und Bewertung von Schülerleistungen im Russischunterricht geben und sich als Orientierungshilfe für den Lehrer verstehen.

An dieser Stelle seien noch einmal die aus der Sicht der Autorin wesentlichsten Aspekte zusammengefaßt:

1. In einem kommunikativ orientierten Fremdsprachenunterricht sollten Formen der Kontrolle den Konditionen natürlicher Kommunikation möglichst nahekommen. Folglich sollte der Kontroll- und Bewertungsschwerpunkt im Bereich der Sprachtätigkeiten liegen, was Kontrollen im Sprachmittelbereich nicht ausschließt.

2. Kommunikation ist ein subjektives Phänomen. Das setzt allen Bewertungsbestrebungen im Hinblick auf eine objektive Einschätzung natürliche Grenzen.

3. Es gibt in der mutter- wie fremdsprachigen Kommunikation keine absolute Korrektheit; auch Lehrer machen Fehler. Kommunikation soll und will Verständigung und Verständnis – dies insbesondere in der Fremdsprache. Folglich ist der Verstehens- und Verständigungseffekt höher zu werten als die sprachliche Korrektheit der Schülerleistung.

4. Schüler brauchen Erfolgserlebnisse, um die Lust auf die Fremdsprache nicht zu verlieren. Dies spricht dafür, zunächst stets die positive Leistung in den Blick zu nehmen und im Zweifelsfalle für den Schüler zu entscheiden.

5. Phasen der Kontrolle stehen in einem ursächlichen Verhältnis zum vorausgegangenen Unterricht. Sie müssen diesen abbilden. Nur dann sind Kontrollen auch für den Schüler „berechenbar".

6. Bewertungskriterien müssen transparent und nachvollziehbar sein und für alle Schüler in gleichem Maße Anwendung finden.

Der Leser möge, wenn er die eine oder andere Anregung aus diesem Büchlein im Unterricht erprobt, bitte stets bedenken, daß Kontrolle und Bewertung nicht eine Sache der schnellen Rezepte ist. Es ist vielmehr eine Sache der brauchbaren Einsichten und Vorschläge und der entwickelten Sensibilität für die individuellen Leistungsvoraussetzungen und Leistungsbedingungen des Schülers.

5. Zusammenstellung der Fußnoten

Seite 3
[1] vgl. MUNDZECK, 1993, S. 450
[2] vgl. dazu SCHNEIDER, 1992, S. 65 ff.
[3] vgl. KIEWEG, 1992, S. 321
[4] vgl. SCHNEIDER, 1992, S. 65
[5] vgl. HUGHES, 1989, S. 2 ff.
[6] vgl. HUGHES, ebenda
[7] vgl. MADSEN, 1983, und DOYÉ, 1986

Seite 4
[1] in Anlehnung an SCHNEIDER, 1992, und MUNDZECK, 1993
[2] vgl. SCHNEIDER 1992, S. 65
[3] vgl. LEXIKON DER PSYCHOLOGIE, 1993, S. 1234; Hervorhebungen: U. G.

Seite 6
[1] BLIESENER, 1980
[2] in Anlehnung an ROHRER, 1990, S. 60 ff.

Seite 7
[1] KIEWEG, 1992, S. 322
[2] KIEWEG, ebenda

Seite 8
[1] vgl. VOLLMER, 1989, S. 225
[2] vgl. VOLLMER,, ebenda
[3] vgl. WEIMER, 1926, S. 58
[4] vgl. LADEMANN, 1991, S. 8
[5] vgl. LADEMANN, ebenda
[6] vgl. TIMM, 1992, S. 4
[7] vgl. GÜNTHER et. al., 1986, S. 35
[8] vgl. GÜNTHER, ebenda, ebenso bei LADEMANN und TIMM

Seite 9
[1] TIMM, 1992, S. 6

Seite 10
[1] vgl. TIMM, 1992, S. 7
[2] vgl. TIMM, 1992, S. 4
[3] vgl. LADEMANN, 1991, S. 1

Seite 14
[1] nach BORGWARDT, 1993, S. 211

Seite 18
[1] Hörtext und Aufgabenblatt in Anlehnung an Materialien der 1. Thüringer Russischolympiade, 1994

Seite 20
[1] по материалам „Учительской газеты", 1992 год

Seite 46
[1] BLIESENER, 1989, S. 206

Seite 48
[1] PAUL et al., 1995

Seite 50
[1] vgl. KLEIN, 1991

Seite 55
[1] vgl. DESSELMANN, 1981, S. 115

Seite 58   [1] nach DOYÉ, 1986, S. 237

Seite 59   [1] nach BORGWARDT, 1991, S. 12
          [2] nach AHRBERG, et. al., 1992, S. 18 u. S. 22

Seite 60   [1] vgl. ROTTMANN, 1988, S. 207

Seite 64   [1] Einheitliche Prüfungsanforderungen in der Abiturprüfung Russisch, 1992, S. 9
          [2] vgl. EPA Russisch, S. 19/20
          [3] vgl. BLIESENER, 1982, S. 88

Seite 66   [1] vgl. dazu auch EPA Russisch, S. 8

Seite 69   [1] vgl. auch BLIESENER, 1982, S. 16

Seite 70   [1] vgl. MUNDZECK, 1993, S. 452

Seite 75   [1] VOGEL, 1995, S. 358/359

Seite 76   [1] EPA, a.a.O., S. 18

6. Literaturverzeichnis

AHRBERG, J. et al.: Vorkurs Russisch. Hessisches Institut für Lehrerfortbildung, Reinhardswaldschule 1992.

BLIESENER, U.: Zur Beurteilung von Abiturarbeiten im Fach Englisch.– Sprachrichtigkeit und Äußerungsvermögen. In: *Die Neueren Sprachen*, H. 1 1980, S. 78 – 93.

BLIESENER, U.: Klausuren und Abiturarbeiten in Englisch. Langenscheidt-Longman 1982.

BLIESENER, U.: Übungen zum Schreiben. In: Handbuch Fremdsprachenunterricht, Tübingen 1989, S. 206 – 210.

BORGWARDT, U.: Mit Spiel und Spaß: Wortschatzarbeit. In: *Der fremdsprachliche Unterricht – Russisch,* H. 1/1991, S. 12 – 13.

BORGWARDT, U.: Durch Sprachlernspiele das Hörverstehen entwickeln. In: *Fremdsprachenunterricht,* H. 4 1993, S. 211 – 213.

DESSELMANN, G. et al.: Didaktik des Fremdsprachenunterrichts (Deutsch als Fremdsprache), Leipzig 1991.

DOYÉ, P.: Typologie der Testaufgaben für den Englischunterricht. Langenscheidt-Longman 1986.

EINHEITLICHE PRÜFUNGSANFORDERUNGEN IN DER ABITURPRÜFUNG RUSSISCH (Beschluß der KMK vom 1. 12. 1989). Luchterhand 1992.

GÜNTHER, K. et al.: Wege zu erfolgreicher Fremdsprachenaneignung. Berlin 1986.

HUGHES, A.: Testing for Language Teachers. Cambridge University Press 1989.

KIEWEG, W.: Leistungsmessung im Fach Englisch. In: *Fremdsprachenunterricht*, H. 6 1992, S. 321 – 332.

KLEIN, K.: Zur Bewertung produktiver Schreibleistungen. In: *Fremdsprachenunterricht*, H. 4 1991, S. 199 – 201.

LADEMANN, N.: „Message versus accuracy"? In: *Fremdsprachenunterricht*, H. 1 1991, S. 8 – 12.

LEXIKON DER PSYCHOLOGIE. Herder Verlag Freiburg Basel Wien, Bd. 2, 10. Aufl. 1993.

MADSEN, H. S.:Techniques in Testing. Oxford University Press 1983.

MUNDZECK, F.: Die Problematik objektiver Leistungsmessung in einem kommunikativen Fremdsprachenunterricht. In: *Fremdsprachenunterricht*, H. 8 1993, S. 449 – 454.

PAUL, E. et al.: Russisch schreiben – aber wie? Volk und Wissen 1995.

ROHRER, J.: Zur Rolle des Gedächtnisses beim Sprachlernen. Kamp Bochum, 3. Aufl. 1990.

ROTTMANN, O.: Beiträge zur Didaktik und Methodik des Russischunterrichts, Düsseldorf 1988.

SCHNEIDER, M.: Zensurengebung im Fremdsprachenunterricht. In: *Fremdsprachenunterricht*, H. 2 1992, S. 65 – 69.

TIMM, J.-P.: Fehler und Fehlerkorrekturen im kommunikativen Englischunterricht. In: *Der fremdsprachliche Unterricht Englisch*, H. 8 1992, S. 4 – 10.

VOGEL, U.: Zum Problem der Übersetzung als Teilbereich von Prüfungen und der Leistungsüberpüfung. In: *Fremdsprachenunterricht*, H. 5 1995, S. 358 – 359.

VOLLMER, H. J.: Leistungsmessung: Überblick. In: Handbuch Fremdsprachenunterricht, Tübingen 1989, S. 222 – 226.

WEIMER, H.: Fehlerbehandlung und Fehlerbewertung, Leipzig 1926.

Неделя 7/1990.
Спутник 9/1991.
Огонёк 1/1993.
Учительская газета 1992.
Аргументы и факты 1994, 1995.
В. Суслов. Рассказы о Ленинграде, Ленинград 1984.
В. Пикуль. Фаворит, Москва 1987, 1988.
Б. Анпилогова, И. Протопопова, Э. Сосенко и др. Пособие по развитию речи, 1967.
А. Алексин. Про нашу семью, Москва 1972.